Construindo Riqueza: Estratégias Práticas para Prosperidade e Segurança Financeira

Sumário

Introdução

- **Objetivo do Livro**: Explicar a importância de construir riqueza e segurança financeira.

- **Importância do Tema**: Discutir porque estratégias práticas são essenciais para alcançar a prosperidade financeira.

Capítulo 1: Compreendendo a Riqueza

- **Definição de Riqueza**: O que significa ser rico e próspero.

- **Benefícios da Riqueza**: Como a riqueza pode melhorar a qualidade de vida e proporcionar segurança.

Capítulo 2: Planejamento Financeiro

- **Definindo Metas Financeiras**: Como estabelecer metas financeiras de curto, médio e longo prazo.

- **Orçamento e Controle de Gastos**: Técnicas para criar e manter um orçamento eficaz.

Capítulo 3: Gestão de Dívidas

- **Tipos de Dívidas**: Diferença entre dívidas boas e ruins.

- **Estratégias de Quitação de Dívidas**: Métodos como a bola de neve e avalanche para eliminar dívidas.

Capítulo 4: Poupança e Fundo de Emergência

- **Importância da Poupança**: Por que é crucial ter uma reserva financeira.

- **Construindo um Fundo de Emergência**: Quanto poupar e onde guardar esse dinheiro.

Capítulo 5: Introdução aos Investimentos

- **Tipos de Investimentos**: Ações, títulos, fundos imobiliários, criptomoedas, entre outros.

- **Risco e Retorno**: Como avaliar o risco e o potencial de retorno de diferentes investimentos.

Capítulo 6: Diversificação de Portfólio

- **Importância da Diversificação**: Como reduzir riscos através da diversificação.

- **Estratégias de Diversificação**: Exemplos práticos de como diversificar um portfólio de investimentos.

Capítulo 7: Investimentos para Iniciantes

- **Primeiros Passos**: Como começar a investir com pouco dinheiro.

- **Plataformas de Investimento**: Ferramentas e aplicativos que facilitam o investimento para iniciantes.

Capítulo 8: Investimentos Avançados

- **Análise Fundamentalista e Técnica**: Métodos para avaliar ações e outros ativos.

- **Estratégias de Investimento**: Investimento em valor, crescimento, dividendos, entre outros.

Capítulo 9: Planejamento para a Aposentadoria

- **Importância do Planejamento de Aposentadoria**: Como garantir uma aposentadoria confortável.

- **Ferramentas de Planejamento**: Planos de previdência, investimentos de longo prazo, entre outros.

Capítulo 10: Educação Financeira para Famílias

- **Ensinando Finanças para Crianças**: Como introduzir conceitos financeiros para os mais jovens.

- **Planejamento Financeiro Familiar**: Como gerir as finanças de uma família de forma eficaz.

Capítulo Final: O Começo da Jornada Prática

Conclusão

- **Resumo dos Principais Pontos**: Recapitulação das principais lições do livro.

- **Próximos Passos**: Orientações sobre como continuar a jornada de construção de riqueza.

Recursos Adicionais

- **Planilhas e Ferramentas**: Links para downloads de planilhas de planejamento, listas de verificação e outros recursos úteis.

- **Leitura Recomendada**: Sugestões de outros livros e recursos para aprofundar o conhecimento.

Dedicatória

Aos meus pais, que me ensinaram o valor do trabalho árduo e da perseverança.

À minha família, cujo apoio incondicional me deu a força para seguir em frente.

Aos meus amigos, que sempre acreditaram em mim e me incentivaram a alcançar meus sonhos.

E a todos aqueles que buscam construir um futuro financeiro seguro e próspero, este livro é para vocês. Que ele seja uma fonte de inspiração e orientação em sua jornada para a prosperidade.

Prefácio

A construção de riqueza e a busca pela segurança financeira são temas que têm fascinado e desafiado a humanidade ao longo dos séculos. Em um mundo em constante mudança, onde a economia global e as finanças pessoais estão interligadas de maneiras cada vez mais complexas, a necessidade de um entendimento profundo e prático sobre como gerenciar e crescer nosso patrimônio nunca foi tão crucial.

"Construindo Riqueza: Estratégias Práticas para Prosperidade e Segurança Financeira" nasceu da minha própria jornada e das inúmeras histórias que encontrei ao longo do caminho. Como muitos de vocês, enfrentei desafios financeiros, cometi erros e aprendi lições valiosas. Este livro é uma culminação dessas experiências, combinadas com uma extensa pesquisa e a sabedoria de especialistas renomados no campo das finanças.

Ao longo dos anos, percebi que a educação financeira é uma das ferramentas mais poderosas que podemos possuir. No entanto, também é uma das áreas mais negligenciadas em nossa educação formal. Muitos de nós entramos na vida adulta sem as habilidades necessárias para gerenciar nossas finanças de forma eficaz, o que pode levar a uma série de problemas, desde dívidas esmagadoras até a incapacidade de planejar para o futuro.

Este livro foi escrito com a intenção de preencher essa lacuna. Ele é projetado para ser um guia prático e acessível, oferecendo estratégias concretas que você pode implementar imediatamente para melhorar sua situação financeira. Cada capítulo foi cuidadosamente elaborado para abordar diferentes aspectos da construção de riqueza, desde a definição de metas financeiras até a diversificação de investimentos e o planejamento para a aposentadoria.

Uma das principais características deste livro é sua abordagem prática. Não se trata apenas de teoria; trata-se de ação. Acredito firmemente que o conhecimento só é poderoso quando aplicado. Por isso, você encontrará exemplos concretos, estudos de caso e ferramentas úteis que facilitarão a aplicação dos conceitos discutidos. Meu objetivo é que você termine este livro não apenas com um entendimento mais profundo das finanças, mas também com um plano claro e acionável para alcançar seus objetivos financeiros.

Além disso, este livro é para todos. Seja você um jovem adulto começando sua jornada financeira, um profissional experiente buscando otimizar seus investimentos, ou um pai ou mãe querendo ensinar seus filhos sobre dinheiro, há algo aqui para você. A construção de riqueza é um processo contínuo e, independentemente de onde você esteja em sua jornada, sempre há espaço para aprender e crescer.

Gostaria de expressar minha gratidão a todos que contribuíram para a realização deste livro. Aos especialistas que compartilharam suas percepções, aos amigos e familiares que ofereceram apoio incondicional, e a você, leitor, por embarcar nesta jornada de aprendizado e crescimento financeiro.

Espero que "Construindo Riqueza: Estratégias Práticas para Prosperidade e Segurança Financeira" seja uma fonte de inspiração e orientação para você. Que ele o capacite a tomar decisões financeiras mais inteligentes, a construir um futuro seguro e próspero, e a viver uma vida plena e satisfatória.

Com gratidão e entusiasmo,

Derik Silva - Autor de "Construindo Riqueza: Estratégias Práticas para Prosperidade e Segurança Financeira"

Apresentação

Bem-vindo a "Construindo Riqueza: Estratégias Práticas para Prosperidade e Segurança Financeira". Este livro foi criado com um propósito claro e ambicioso: empoderar você com o conhecimento e as ferramentas práticas necessárias para construir riqueza e alcançar a segurança financeira de forma duradoura. Em um mundo onde as finanças pessoais desempenham um papel crucial na qualidade de vida, entender e aplicar estratégias financeiras eficazes é mais importante do que nunca.

A ideia de escrever este livro surgiu da observação de que muitas pessoas enfrentam dificuldades financeiras não por falta de renda, mas por falta de conhecimento e planejamento. A educação financeira, infelizmente, ainda é um tema negligenciado em muitos currículos escolares e, como resultado, muitos adultos entram na vida profissional sem as habilidades necessárias para gerenciar suas finanças de maneira eficaz. Este livro visa preencher essa lacuna, oferecendo uma abordagem prática e acessível para todos que desejam tomar as rédeas de suas finanças.

Nosso público-alvo é composto por indivíduos que buscam compreender os princípios fundamentais da riqueza e da prosperidade financeira, criar um plano financeiro sólido, gerenciar suas finanças de forma eficaz, eliminar dívidas, investir com sabedoria e planejar para a aposentadoria. Além disso, este livro é para aqueles que desejam ensinar educação financeira para seus filhos e familiares, criando uma geração mais consciente e preparada para o sucesso financeiro.

Adotamos uma linguagem clara, concisa e acessível, evitando jargões técnicos complexos, para garantir que o conteúdo seja compreensível para todos, independentemente do nível de conhecimento prévio em finanças. A abordagem prática e orientada para a ação, com exemplos concretos, estudos de caso e ferramentas úteis, visa facilitar a aplicação dos conceitos discutidos. Nosso tom é positivo, motivador e inspirador, encorajando você a tomar decisões conscientes e a agir de forma proativa para alcançar seus objetivos financeiros.

Cada capítulo deste livro foi cuidadosamente elaborado para abordar diferentes aspectos da construção de riqueza e segurança financeira. Desde a compreensão dos conceitos básicos de riqueza, passando pelo planejamento financeiro, gestão de dívidas, poupança, investimentos, até o planejamento para a aposentadoria e a educação financeira para famílias, cobrimos uma ampla gama de tópicos essenciais. Nosso objetivo é fornecer a você um guia completo e prático que possa ser utilizado como referência ao longo de sua jornada financeira.

A construção de riqueza é um processo gradual e consistente, e acreditamos que, com as estratégias práticas e comprovadas apresentadas neste livro, você estará bem equipado para alcançar a prosperidade financeira e garantir um futuro seguro e independente. Convidamos você a embarcar nesta jornada conosco, aplicando o conhecimento adquirido e tomando medidas concretas para transformar sua vida financeira.

Desejamos a você sucesso e prosperidade em sua jornada de construção de riqueza. Que este livro seja um recurso valioso e uma fonte de inspiração para alcançar seus objetivos financeiros e viver uma vida plena e segura.

Introdução

Objetivo do Livro

A construção de riqueza e a segurança financeira são pilares fundamentais para uma vida plena e satisfatória. A estabilidade financeira não apenas proporciona uma base sólida para enfrentar os desafios do dia a dia, mas também abre portas para novas oportunidades e experiências que podem enriquecer a vida de uma pessoa de diversas maneiras. Quando se tem controle sobre as finanças, é possível planejar o futuro com mais confiança, investir em sonhos e projetos pessoais, e garantir um legado para as próximas gerações.

A importância de construir riqueza vai além do simples acúmulo de dinheiro. Trata-se de criar uma rede de segurança que permita enfrentar imprevistos sem comprometer o bem-estar. A segurança financeira oferece paz de espírito, reduz o estresse relacionado a questões monetárias e permite que as pessoas se concentrem em aspectos mais significativos de suas vidas, como relacionamentos, saúde e desenvolvimento pessoal.

Para alcançar essa estabilidade, é essencial ter um plano financeiro bem estruturado. Um plano financeiro eficaz ajuda a definir metas claras, organizar recursos e tomar decisões informadas. Este livro foi concebido para servir como um guia prático, oferecendo estratégias e ferramentas que capacitarão o leitor a construir riqueza de maneira gradual e sustentável. Através de uma abordagem prática e orientada para a ação, o leitor aprenderá a gerenciar suas finanças de forma eficaz, eliminar dívidas, investir com sabedoria e planejar para um futuro financeiro seguro e independente.

Importância do Tema

Estratégias práticas são essenciais para alcançar a prosperidade financeira porque transformam conceitos teóricos em ações concretas que podem ser implementadas no dia a dia. A teoria financeira, por mais robusta e bem fundamentada que seja, só se torna verdadeiramente valiosa quando aplicada de forma prática. É através da aplicação prática que as pessoas podem ver resultados tangíveis e mensuráveis em suas finanças pessoais.

Por exemplo, entender o conceito de juros compostos é importante, mas saber como aplicá-lo em investimentos reais é o que realmente faz a diferença. Da mesma forma, conhecer a importância de um fundo de emergência é útil, mas criar e manter esse fundo é o que proporciona segurança financeira. Estratégias práticas ajudam a transformar conhecimento em ação, permitindo que as pessoas tomem decisões financeiras mais inteligentes e eficazes.

Para ilustrar a importância de uma abordagem prática, podemos considerar exemplos de sucesso e fracasso. Considere uma pessoa que entende a teoria por trás da diversificação de investimentos, mas não a aplica. Essa pessoa pode acabar investindo todo o seu dinheiro em um único ativo, correndo um risco desnecessário. Por outro lado, alguém que aplica a teoria de diversificação de forma prática, distribuindo seus investimentos entre diferentes classes de ativos, estará mais protegido contra a volatilidade do mercado e terá uma chance maior de alcançar seus objetivos financeiros.

Outro exemplo é a gestão de dívidas. Saber que é importante pagar dívidas é uma coisa, mas aplicar estratégias práticas como o método da bola de neve ou avalanche pode acelerar significativamente o processo de quitação de dívidas, proporcionando alívio financeiro mais rápido.

Este livro se propõe a fornecer essas estratégias práticas, baseadas em princípios financeiros sólidos, mas sempre com um enfoque na aplicação real. Através de exemplos concretos, estudos de caso e ferramentas úteis, o leitor será capacitado a tomar as rédeas de suas finanças e a tomar decisões conscientes para alcançar seus objetivos. A abordagem prática e orientada para a ação deste livro garantirá que o conhecimento adquirido seja transformado em resultados reais e duradouros.

Capítulo 1: Compreendendo a Riqueza

Definição de Riqueza

A definição de riqueza pode variar amplamente dependendo de quem a define e do contexto em que é discutida. Tradicionalmente, a riqueza é associada à posse de bens materiais e recursos financeiros substanciais. No entanto, essa visão é apenas uma faceta de um conceito muito mais amplo e multifacetado.

Aspectos Financeiros: No sentido mais direto, ser rico significa possuir uma quantidade significativa de ativos financeiros, como dinheiro, propriedades, investimentos e outros bens de valor. A riqueza financeira permite a aquisição de bens e serviços, a realização de investimentos e a capacidade de enfrentar emergências sem comprometer o padrão de vida. No entanto, a riqueza financeira não é um fim em si mesma, mas um meio para alcançar outros objetivos e proporcionar segurança e conforto.

Aspectos Emocionais: A riqueza emocional refere-se ao bem-estar psicológico e à satisfação pessoal. Uma pessoa pode ter recursos financeiros limitados, mas ainda se sentir rica devido a relacionamentos saudáveis, uma vida equilibrada e a capacidade de encontrar alegria nas pequenas coisas. A riqueza emocional é frequentemente subestimada, mas é crucial para uma vida plena e satisfatória. Ela inclui aspectos como felicidade, paz de espírito, autoestima e a capacidade de lidar com desafios emocionais.

Aspectos Sociais: A riqueza social envolve a qualidade e a quantidade de relacionamentos interpessoais e redes de apoio. Ter uma rede sólida de amigos, familiares e colegas pode ser uma fonte inestimável de suporte emocional e prático. A riqueza social também pode incluir o respeito e a reputação dentro de uma comunidade, bem como a capacidade de influenciar e contribuir positivamente para a sociedade.

Perspectivas Culturais: A percepção de riqueza pode variar significativamente entre diferentes culturas. Em algumas sociedades, a riqueza é medida principalmente em termos financeiros e materiais, enquanto em outras, aspectos como a harmonia familiar, a saúde e a contribuição para a comunidade podem ser considerados igualmente ou mais importantes. Por exemplo, em culturas coletivistas, a riqueza pode ser vista em termos de bem-estar coletivo e apoio mútuo, enquanto em culturas individualistas, a ênfase pode estar mais na realização pessoal e na acumulação de bens individuais.

Variações Individuais: Mesmo dentro de uma mesma cultura, a percepção de riqueza pode variar de indivíduo para indivíduo. Para algumas pessoas, ser rico pode significar ter liberdade financeira para viajar e explorar o mundo, enquanto para outras, pode significar ter uma casa própria e estabilidade para a família. A definição de riqueza é, portanto, altamente subjetiva e pode ser influenciada por fatores como valores pessoais, experiências de vida e aspirações.

Benefícios da Riqueza

A riqueza, em suas diversas formas, pode trazer uma série de benefícios que melhoram a qualidade de vida e proporcionam segurança. Esses benefícios podem ser tangíveis, como a capacidade de adquirir bens e serviços, e intangíveis, como a redução do estresse e a melhoria do bem-estar geral.

Benefícios Tangíveis:

1. **Capacidade de Aquisição:** A riqueza financeira permite a aquisição de bens e serviços que podem melhorar significativamente a qualidade de vida. Isso inclui desde necessidades básicas, como alimentação e moradia, até luxos, como viagens e entretenimento. A capacidade de adquirir bens de qualidade pode proporcionar conforto e conveniência, contribuindo para um estilo de vida mais agradável.

2. **Investimentos e Crescimento:** Com recursos financeiros suficientes, é possível fazer investimentos que podem gerar retornos e aumentar ainda mais a riqueza. Investir em ações, imóveis, negócios e outras oportunidades pode proporcionar uma fonte adicional de renda e ajudar a construir um patrimônio sólido ao longo do tempo.

3. **Educação e Desenvolvimento:** A riqueza permite o acesso a uma educação de qualidade, que é um dos pilares para o desenvolvimento pessoal e profissional. Investir em educação, seja para si mesmo ou para os filhos, pode abrir portas para melhores oportunidades de carreira e crescimento pessoal.

4. **Saúde e Bem-Estar:** Ter recursos financeiros suficientes permite o acesso a cuidados de saúde de qualidade, incluindo tratamentos médicos, seguros de saúde e programas de bem-estar. A capacidade de cuidar da saúde física e mental é fundamental para uma vida longa e saudável.

Benefícios Intangíveis:

1. **Redução do Estresse:** A segurança financeira reduz significativamente o estresse relacionado a questões monetárias. Saber que há recursos suficientes para enfrentar emergências e imprevistos proporciona uma sensação de segurança e tranquilidade. Isso, por sua vez, pode melhorar a saúde mental e emocional.

2. **Liberdade e Flexibilidade:** A riqueza oferece a liberdade de fazer escolhas que de outra forma poderiam não ser possíveis. Isso inclui a capacidade de mudar de carreira, viajar, dedicar tempo a hobbies e interesses pessoais, e até mesmo se aposentar mais cedo. A flexibilidade proporcionada pela riqueza permite que as pessoas vivam de acordo com seus próprios termos e valores.

3. **Contribuição e Legado:** A riqueza também permite que as pessoas contribuam para causas e comunidades que são importantes para elas. Doações para caridade, investimentos em projetos comunitários e a criação de um legado para as futuras gerações são formas de usar a riqueza para fazer uma diferença positiva no mundo.

4. **Autoestima e Realização:** A capacidade de alcançar metas financeiras e construir riqueza pode aumentar a autoestima e a sensação de realização pessoal. Sentir-se financeiramente seguro e bem-sucedido pode proporcionar um

senso de orgulho e satisfação, contribuindo para o bem-estar geral.

Estudos de Caso:

1. **Caso de Sucesso:** Considere o exemplo de Maria, uma profissional de TI que começou a investir em ações e imóveis aos 30 anos. Com uma estratégia bem planejada e disciplina financeira, Maria conseguiu construir um portfólio diversificado que lhe proporcionou uma renda passiva substancial. Aos 45 anos, ela decidiu reduzir sua carga de trabalho para se dedicar a projetos pessoais e viagens. A segurança financeira que Maria construiu permitiu que ela vivesse de acordo com seus valores e interesses, sem comprometer seu padrão de vida.

2. **Caso de Fracasso:** Por outro lado, temos o exemplo de João, que ganhou uma grande quantia de dinheiro através de uma herança, mas não tinha conhecimento financeiro para gerenciá-la adequadamente. João gastou grande parte do dinheiro em bens de luxo e

investimentos de alto risco sem a devida pesquisa. Em poucos anos, ele perdeu a maior parte de sua riqueza e enfrentou dificuldades financeiras. Este exemplo ilustra a importância de estratégias práticas e conhecimento financeiro para manter e crescer a riqueza.

Prepare o Seu Cérebro

Nesse primeiro capítulo do livro partimos do princípio de que todo conhecimento precisa ser construído sobre uma base sólida. Portanto, independentemente de qual fase você se encontra—seja um investidor experiente ou alguém sem nenhuma noção de investimentos—é importante começar pelo mais básico possível para alcançar o ápice: tornar-se um investidor completo. Assim, antes de aprender sobre Renda Fixa, Renda Variável, Marcações a Mercado e outras habilidades de investimento, é necessário incorporar em sua mentalidade algumas informações que irão ajudá-lo a aprender melhor, visualizar suas estratégias e valorizar cada conteúdo que lhe for apresentado.

Construindo Riquezas: Essa preparação fará com que você compreenda que enriquecer, além de não ser apenas uma questão monetária, não é algo que ocorre da noite para o dia. Não é algo fácil, sem necessidade de esforço, mas sim algo que requer uma preparação mental para enxergar sua vida financeira de uma forma diferente.

Muito se fala sobre o que o dinheiro não pode comprar. Aqui, vamos falar sobre o que o dinheiro É CAPAZ de adquirir. Vamos falar sobre o dinheiro e o poder que ele nos proporciona.

Boa parte dos brasileiros é analfabeta em relação ao manejo do próprio dinheiro. Isso significa que são pessoas que não sabem nada a respeito de patrimônio, das potencialidades que podem ampliar seus rendimentos e melhorar sua qualidade de vida. É muito raro, mesmo em casos de pessoas de elevada instrução profissional, que elas saibam como investir o próprio dinheiro. Ainda que falem muitos idiomas, a linguagem do dinheiro e do capitalismo é o idioma que de fato importa no mundo atual. É preciso dominá-la. Principalmente, para se libertar da escravidão que essa lógica do dinheiro impõe a todos. E basicamente, somente o próprio dinheiro pode tirar as algemas econômicas. O seu dinheiro precisa ter como finalidade inicial proporcionar-lhe liberdade.

Num ciclo vicioso onde o consumo é um imperativo que obriga as pessoas a buscarem possuir coisas, contudo, no final das contas, são as coisas que as possuem. É a frase que extraímos do filme "Clube da Luta" e que perfeitamente define a realidade: "Trabalhamos em empregos que não gostamos para comprar um monte de coisas que não precisamos".

O objetivo do livro "Construindo Riquezas" é exatamente oferecer os conhecimentos técnicos, mas evidentemente dando-lhe a chance de enxergar todo esse cenário financeiro que nos rodeia e de que forma podemos usá-lo a nosso favor.

"Os pobres trabalham para conseguir dinheiro e os ricos fazem o dinheiro trabalhar para eles."

Por que os Ricos Ficam Cada Vez Mais Ricos?

Você já deve ter se perguntado por que os ricos ficam cada vez mais ricos e os pobres cada vez mais pobres. A explicação para isso começa com um dos cínicos mais célebres da História: Diógenes. E não pense que o sentido de cinismo aqui seja o mesmo que conhecemos atualmente, de alguém debochado ou sarcástico. O sentido primário desta palavra vem de períodos antes de Cristo, quando o cinismo era uma corrente filosófica grega que pregava a simplicidade, rejeitando riquezas e ostentações. Os cínicos viviam em busca de seres com honestidade.

A própria figura de Diógenes está presente em diversas histórias que representam o quanto ele e seus semelhantes viviam as crenças em que acreditavam. Há na imagem famosa, a visita do rei Alexandre, o Grande, ao local onde Diógenes vivia: um barril. O monarca pergunta ao homem ali despojado, o que ele, como um rei cheio de riquezas e poderes, poderia fazer por ele. O homem respondeu que apenas gostaria que Alexandre saísse de frente do sol, pois ele estava tapando a luz solar que, naquele momento, era tudo que ele de fato precisava. Apesar de figuras imponentes como Alexandre serem famosos por seus frágeis egos e por sua crueldade frente aos que discordavam, o que ocorreu foi inesperado. Alexandre sentiu admiração pela segurança e convicção de Diógenes, de requerer apenas algo básico e que sequer dependia do que o alto escalão poderia proporcionar. Alexandre, segundo contam os livros, chegou a dizer que se pudesse escolher, gostaria de ser o próprio Diógenes.

Isso porque, para os cínicos, valia a pena abrir mão de luxos e prazeres para ter a liberdade plena, algo que, na visão deles, era impossível ser livre sendo preso a algo. Apesar disso, a visão dos cínicos gregos não é absoluta e pode facilmente ser refletida e contraposta com outras filosofias. Mas o essencial deles, para nossa finalidade, é fazer esses questionamentos. De que coisas você de fato precisa para viver? Por que precisa delas? Tem algum emprego que lhe prenda em razão de dívidas que contraiu e que não necessariamente lhe representam? Suas dívidas são de fato coisas que você usufrui com prazer ou servem de estampa para pessoas e grupos de interesse? Depois de feita essa reflexão, se desfaça do que você não precisa para viver e aproveitar bem a vida. Mantenha com você apenas seus prazeres e itens que tenham valor em sua própria concepção.

Indo para a explicação do porquê de os ricos ficarem cada vez mais ricos e dos pobres ficarem cada vez mais pobres, podemos ser bem diretos. Pobres compram passivos. Ricos compram ativos. Um passivo é qualquer coisa que não lhe forneça nenhum valor, mas que lhe custe. Um ativo, por outro lado, é algo que, mesmo que tenha custos, gera renda. Um carro, por exemplo, quase sempre é um passivo. A menos, é claro, que você o alugue ou o insira em algum aplicativo de transportes que irá lhe dar dinheiro. Em resumo, o que coloca dinheiro no seu bolso é ATIVO. O que tira, é passivo.

Obviamente, é bem improvável viver sem nenhum passivo, portanto, é muito importante ter certeza de que passivos lhe valem o custo. Muitos pobres acabam se afundando cada vez mais, na tentativa de copiar as aquisições dos ricos, sem pensar que não ampliaram sua coluna de ativos. Todo dinheiro do mundo, se não for convertido em ATIVOS, pode desaparecer. E o contrário também é verdadeiro. Uma vez tendo uma boa coluna de ATIVOS é possível dar a volta por cima, mesmo após lidar com revezes de mercado (no módulo digital, é possível baixar a planilha e preencher os seus ativos e passivos e descobrir se você está, ou não, no caminho certo).

Para finalizar, duas frases para memorizar:

- "Os pobres trabalham para conseguir dinheiro e os ricos fazem o dinheiro trabalhar para eles." - Robert Kiyosaki
- "Se você nasceu pobre, não é erro seu. Mas se você morrer pobre, a culpa será sua." - Bill Gates

Crenças Limitantes

Uma coisa muito importante é observar quais são as primeiras frases que vêm à sua cabeça quando pensa em dinheiro. Isso porque, na sociedade, muitas ideias sobre o dinheiro acabaram sendo disseminadas e elas podem impedi-lo de enxergar o dinheiro com a devida importância que ele tem. Primeiramente, não existe nenhuma chance de acumular dinheiro enquanto você tem raiva dele. Se você duvida disso, é provável que isso o prejudique, pois não é a lógica que rege o mundo. No mundo, especialmente no mercado financeiro, as opiniões não têm o mesmo valor que os fatos, uma vez que eles não se alteram com base em crenças.

Se dentro das frases que você elenca em mente sobre o dinheiro, você teve uma maioria de premissas positivas, isso é um bom sinal, afinal, sua mentalidade tenderá a favorecer o acúmulo de patrimônio. O exato inverso ocorre quando se tem visões muito negativas sobre dinheiro, pois essas visões se tornam crenças limitantes que podem acabar sendo obstáculos, especialmente mentais, e se este for o caso, você precisa reajustar sua mentalidade. Não se culpe por isso. É possível que as crenças negativas venham de problemas financeiros vividos desde a infância, influências religiosas ou ideológicas e até mesmo experiências mal sucedidas que tenham feito parte de sua trajetória. Entretanto, é urgente essa adequação para que seja possível atingir o objetivo de ter dinheiro, e para isso, é preciso gostar dele e enxergá-lo como algo essencial.

Alguns dos mitos mais comuns incluem 'o dinheiro é a raiz de todo mal', quando, na verdade, os problemas relacionados ao dinheiro vêm da falta dele. Se o dinheiro fosse ruim, ele seria distribuído e não perseguido. Outro mito é de que dinheiro está vinculado a ter sorte. A realidade diante disso é que é preciso estar no lugar certo, na hora certa e ser a pessoa certa para uma determinada situação. Em resumo, ter uma situação favorável e um momento adequado não é uma garantia de que haverá a tão assertiva recompensa. É como dizer que comprar suplementos e apenas estar dentro de uma academia lhe tornará um indivíduo com um físico musculoso. É essencial que, além de ir à academia, fazer o uso correto dos suplementos, o indivíduo se exercite com disciplina, tenha uma dieta rigorosa com base em seu propósito e aproveite a hora e o local para inserir seu empenho (o que o tornará a pessoa certa, no lugar e na hora certa com essa finalidade).

Excelentes oportunidades dadas para pessoas diferentes produzem resultados diferentes exatamente porque a sorte não está na oportunidade. O êxito está atrelado ao aproveitamento que cada pessoa dá ao cenário em que é colocada.

Há ainda o mito de que ricos são egoístas. A realidade é que a quantidade de dinheiro que um indivíduo ganha está relacionada à quantidade de pessoas que esse alguém impacta com suas ações. E, inclusive, basta observar os noticiários que muitos bilionários fazem a diferença na vida de muitas pessoas, melhorando a vida delas. Muitos deles inclusive fazem ações de filantropia, o que incrementa ainda mais o impacto positivo na vida dos demais. Ninguém fica rico sem criar algum impacto na vida de muitas pessoas. Dinheiro é sempre RESULTADO.

Há, ainda, a errônea máxima de que 'dinheiro não traz felicidade'. Nada pode estar mais errado do que essa visão, afinal, dinheiro compra a única coisa que vale a pena ter na vida: LIBERDADE. A partir da liberdade, todas as coisas podem ser, ou não, adquiridas, podem ser feitas ou não. Isso, juntamente com saúde e relacionamentos humanos, compõe a tríade básica para a plenitude do mundo.

Tem-se a ideia, também incorreta, de que o dinheiro transforma as pessoas em pessoas más. A verdade é que o dinheiro unicamente intensifica o que já existe em alguém. Se um sujeito já é necessariamente alguém mal, se tornará ainda pior. O mesmo se vale para as pessoas boas que, mesmo antes de ter dinheiro, já são generosas naturalmente; ao acumular dinheiro, farão ainda mais coisas boas, ajudarão os outros e assim por diante.

Dizem também que o dinheiro é sujo. No sentido literal, é verdade. A espécie é pouco higiênica. O cartão de crédito, nesse caso, seria mais adequado. Mas brincadeiras à parte, o dinheiro é fruto do mérito. Além disso, falam que a quantidade de dinheiro no mundo é limitada. Neste caso, basta observar a história para reconhecer que a quantidade de dinheiro aumentou exponencialmente ao longo do tempo. A riqueza pode ser criada, a produção industrial e agrícola se amplia e a criação de dinheiro emitida pelos governos também acompanha a economia. Um detalhe valioso é que, ao avaliar o percurso histórico, o panorama histórico mundial quanto à miséria melhorou bastante, ainda que continue em números muito expressivos.

Por fim, ainda há a crença de que os ricos se tornam ricos às custas dos pobres. Outra incoerência. A começar porque não é possível encontrar um único bilionário que não tenha produzido milionários no caminho. Além do que, pessoas com dinheiro precisam de outras com condições monetárias de consumir os produtos ou serviços que estas vendem. Essa ideia foi inventada para coibir trocas voluntárias. Existe exploração no mundo? Sim! Mas isso não tem qualquer relação com o acúmulo de capital.

Também não é incomum ouvir que é injusto pensar em ter X quando há milhões de pessoas passando fome. Essa visão é uma falácia porque dá a falsa ideia de que não ter dinheiro diminuirá o número de pobres do mundo. E a realidade nua e crua é que não ter dinheiro só aumentará um pobre, ao passo que sendo rico, é possível diminuir um ou mais. A culpa que se cria em se tornar rico não soluciona o problema, apenas perpetua uma realidade que você reprova.

Para finalizar, dois últimos mitos. O primeiro: se alguém ficou rico, é porque roubou. Antes de mais nada, quantos ladrões vocês conhecem fora os de colarinho branco? A realidade é que o ladrão tem dinheiro de forma esporádica e não consistente. E por fim, o segundo: 'só ganha dinheiro quem tem dinheiro'. Esse segundo mito se comprova irreal porque, na era da informação, é possível criar dinheiro com praticamente nada, o que significa que é possível investir pouco e lucrar absurdamente mais.

É claro que existem outras inverdades espalhadas por aí que tentam atrapalhar a reputação do dinheiro e boicotar a busca por ele. E essas noções precisam ser eliminadas porque, verdadeiramente, só ganha dinheiro quem gosta de dinheiro.

Conclusão: A riqueza pode melhorar a qualidade de vida de várias maneiras, proporcionando benefícios tangíveis e intangíveis. A capacidade de adquirir bens e serviços, investir em crescimento, acessar educação e cuidados de saúde são apenas alguns dos benefícios tangíveis. Redução do estresse, liberdade, contribuição para a sociedade e aumento da autoestima são benefícios intangíveis que também são extremamente valiosos. Compreender e valorizar esses benefícios pode motivar as pessoas a buscar a construção de riqueza de maneira consciente e estratégica.

Capítulo 2: Planejamento Financeiro

Antes de mais nada, o primeiro passo é distinguir o que o dinheiro pode e não pode comprar. É fundamental entender que a coisa mais valiosa que o dinheiro pode proporcionar é a sua LIBERDADE. Por exemplo, se hoje você parasse de trabalhar, o que aconteceria com sua vida a partir desse momento? Muito provavelmente, você não conseguiria mais pagar suas contas (como imóveis, automóveis, impostos, etc.), não poderia sair de casa e, muito menos, comprar algo que lhe trouxesse prazer. Com riscos reais de se tornar um indigente em um curto espaço de tempo. Isso ocorre simplesmente por nunca ter planejado ou se preocupado com seu futuro financeiro.

Neste livro, aprenderemos como alcançar a 'Liberdade Financeira'. Como possuir mais ativos do que passivos, sem precisar trabalhar mais para que isso aconteça.

Primeiramente, precisamos nos libertar das correntes que criamos ao longo da vida. Quitar dívidas que não deveríamos ter contraído, seja o carro comprado antes do momento adequado ou o apartamento adquirido de forma precipitada. E, assim que aprendermos mais sobre investimentos, seremos os mestres do nosso próprio destino, ou seja, poderemos alcançar a LIBERDADE, que é o único bem que deveríamos almejar na vida.

Definindo Metas Financeiras

Estabelecer metas financeiras é um passo crucial para alcançar a prosperidade e a segurança financeira. Metas bem definidas servem como um mapa, guiando suas decisões e ações financeiras. Elas ajudam a manter o foco, a motivação e a disciplina necessárias para alcançar seus objetivos. Vamos explorar como definir metas financeiras de curto, médio e longo prazo, a importância de ter objetivos claros e mensuráveis, e exemplos práticos de metas financeiras.

Metas de Curto Prazo: Metas de curto prazo são aquelas que você pretende alcançar em um período de até um ano. Elas são essenciais para criar uma base sólida para suas finanças e podem incluir objetivos como:

1. **Criar um Fundo de Emergência:**

    - **Objetivo:** Acumular um fundo de emergência equivalente a três a seis meses de despesas.

    - **Importância:** Um fundo de emergência oferece uma rede de segurança para enfrentar imprevistos, como perda de emprego ou despesas médicas inesperadas.

    - **Como Alcançar:** Defina um valor específico com base em suas despesas mensais. Automatize transferências mensais para uma conta de poupança dedicada até atingir o objetivo.

2. **Quitar Dívidas de Cartão de Crédito:**

    - **Objetivo:** Eliminar o saldo devedor do cartão de crédito.

    - **Importância:** Dívidas de cartão de crédito geralmente têm altas taxas de juros, o que pode dificultar o progresso financeiro.

- **Como Alcançar:** Use estratégias como o método da bola de neve (pagando primeiro as menores dívidas) ou o método da avalanche (pagando primeiro as dívidas com maiores juros). Reduza gastos supérfluos e direcione esses recursos para o pagamento das dívidas.

3. **Economizar para uma Compra Específica:**
   - **Objetivo:** Economizar para uma compra planejada, como uma viagem ou um novo eletrodoméstico.
   - **Importância:** Planejar e economizar para compras evita o uso de crédito e dívidas desnecessárias.
   - **Como Alcançar:** Estime o custo da compra e divida pelo número de meses até a data desejada. Automatize transferências mensais para uma conta de poupança específica.

Metas de Médio Prazo: Metas de médio prazo são aquelas que você pretende alcançar em um período de um a cinco anos. Elas geralmente envolvem objetivos maiores que exigem planejamento e disciplina contínuos. Exemplos incluem:

1. **Comprar um Carro:**

    - **Objetivo:** Economizar para dar entrada ou comprar um carro à vista.

    - **Importância:** Comprar um carro à vista ou com uma entrada substancial pode reduzir ou eliminar a necessidade de financiamento, economizando em juros.

    - **Como Alcançar:** Pesquise o valor do carro desejado e estime o valor da entrada ou do pagamento à vista. Crie um plano de poupança mensal e ajuste seu orçamento para acomodar essa meta.

2. **Pagar Dívidas Estudantis:**

    - **Objetivo:** Quitar empréstimos estudantis.

    - **Importância:** Eliminar dívidas estudantis pode liberar recursos para outras metas financeiras e reduzir o estresse financeiro.

- **Como Alcançar:** Faça pagamentos extras sempre que possível e considere refinanciamento para obter melhores taxas de juros. Direcione bônus ou aumentos salariais para o pagamento das dívidas.

3. **Economizar para a Entrada de uma Casa:**

    - **Objetivo:** Acumular uma entrada substancial para a compra de uma casa.

    - **Importância:** Uma entrada maior pode reduzir o valor do financiamento necessário e as taxas de juros.

    - **Como Alcançar:** Determine o valor da entrada com base no preço da casa desejada. Automatize transferências mensais para uma conta de poupança dedicada e considere investimentos de baixo risco para aumentar o valor acumulado.

Metas de Longo Prazo: Metas de longo prazo são aquelas que você pretende alcançar em um período superior a cinco anos. Elas geralmente envolvem objetivos de vida significativos e exigem planejamento e investimento contínuos. Exemplos incluem:

1. **Aposentadoria Confortável:**

    - **Objetivo:** Acumular um patrimônio suficiente para garantir uma aposentadoria confortável.

    - **Importância:** Planejar para a aposentadoria é essencial para garantir segurança financeira na terceira idade.

    - **Como Alcançar:** Contribua regularmente para planos de previdência privada e contas de aposentadoria. Diversifique seus investimentos e ajuste suas contribuições conforme necessário para atingir o valor desejado.

2. **Educação dos Filhos:**

    - **Objetivo:** Economizar para a educação universitária dos filhos.

- **Importância:** Garantir recursos para a educação dos filhos pode proporcionar melhores oportunidades de carreira e crescimento pessoal.

- **Como Alcançar:** Estime os custos da educação e crie um plano de poupança mensal. Considere contas de poupança educacional e investimentos de longo prazo para maximizar o crescimento do capital.

3. **Compra de Imóveis:**

    - **Objetivo:** Adquirir propriedades como investimento ou para uso pessoal.

    - **Importância:** Investir em imóveis pode gerar renda passiva e aumentar o patrimônio.

    - **Como Alcançar:** Pesquise o mercado imobiliário e determine o valor necessário para a compra. Crie um plano de poupança e investimento para acumular o valor necessário.

Importância de Metas Claras e Mensuráveis: Ter objetivos claros e mensuráveis é fundamental para o sucesso financeiro. Metas bem definidas ajudam a manter o foco e a motivação, além de fornecer um critério para medir o progresso. Para definir metas eficazes, use o método SMART (Specific, Measurable, Achievable, Relevant, Time-bound):

- **Specific (Específico):** Defina metas claras e detalhadas.

- **Measurable (Mensurável):** Estabeleça critérios para medir o progresso.

- **Achievable (Alcançável):** Certifique-se de que a meta é realista.

- **Relevant (Relevante):** Garanta que a meta é importante para você.

- **Time-bound (Com prazo):** Defina um prazo para alcançar a meta.

Exemplos de Metas Financeiras:

1. **Curto Prazo:** Economizar R$ 5.000 em seis meses para um fundo de emergência.

2. **Médio Prazo:** Quitar R$ 20.000 em dívidas estudantis em três anos.

3. **Longo Prazo:** Acumular R$ 1.000.000 para a aposentadoria em 30 anos.

Conclusão: Definir metas financeiras de curto, médio e longo prazo é essencial para alcançar a prosperidade financeira. Metas claras e mensuráveis ajudam a manter o foco e a motivação, além de fornecer um critério para medir o progresso. Com um plano bem estruturado e disciplina, é possível alcançar seus objetivos financeiros e garantir um futuro seguro e próspero.

Orçamento e Controle de Gastos

Criar e manter um orçamento eficaz é uma das habilidades financeiras mais importantes que você pode desenvolver. Um orçamento bem elaborado ajuda a controlar os gastos, economizar dinheiro e alcançar suas metas financeiras. Vamos explorar técnicas para criar e manter um orçamento eficaz, a importância do controle de gastos e ferramentas práticas para ajudar nesse processo.

Importância do Controle de Gastos: O controle de gastos é fundamental para a saúde financeira. Sem um controle adequado, é fácil gastar mais do que se ganha, acumulando dívidas e comprometendo a capacidade de economizar e investir. Um orçamento eficaz ajuda a identificar áreas onde os gastos podem ser reduzidos e a direcionar recursos para metas financeiras prioritárias.

Passos para Criar um Orçamento Eficaz:

1. **Avalie Sua Situação Financeira Atual:**

    - **Renda:** Liste todas as fontes de renda, incluindo salário, bônus, rendimentos de investimentos e outras fontes.

    - **Despesas:** Categorize suas despesas em fixas (aluguel, hipoteca, serviços públicos) e variáveis (alimentação, entretenimento, viagens).

2. **Defina Metas Financeiras:**

    - Estabeleça metas de curto, médio e longo prazo, como discutido anteriormente.

Essas metas orientarão suas decisões de orçamento e controle de gastos.

3. **Crie Categorias de Despesas:**

    - Divida suas despesas em categorias, como moradia, transporte, alimentação, saúde, lazer e poupança. Isso ajudará a visualizar onde seu dinheiro está sendo gasto e identificar áreas para ajustes.

4. **Atribua Valores às Categorias:**

    - Com base em sua renda e metas financeiras, atribua valores específicos a cada categoria de despesas. Certifique-se de que suas despesas totais não excedam sua renda.

5. **Monitore e Ajuste:**

    - Acompanhe suas despesas regularmente e compare com o orçamento planejado. Faça ajustes conforme necessário para garantir que você está no caminho certo para alcançar suas metas.

Ferramentas e Métodos Práticos:

1. **Planilhas de Orçamento:**

    - **Excel ou Google Sheets:** Crie uma planilha personalizada para acompanhar suas receitas e despesas. Use fórmulas para calcular totais e diferenças automaticamente.

    - **Modelos Prontos:** Utilize modelos de planilhas disponíveis online que já vêm com categorias e fórmulas configuradas.

2. **Aplicativos de Orçamento:**

    - **Mint:** Um aplicativo gratuito que conecta suas contas bancárias e cartões de crédito, categorizando automaticamente suas transações e fornecendo relatórios detalhados.

    - **YNAB (You Need A Budget):** Um aplicativo pago que ajuda a criar um orçamento baseado em metas e a acompanhar suas despesas em tempo real.

- **PocketGuard:** Um aplicativo que mostra quanto dinheiro você tem disponível para gastar após considerar suas metas de poupança e despesas fixas.

3. **Método dos Envelopes:**

    - **Físico:** Separe dinheiro em envelopes físicos para cada categoria de despesas. Quando o dinheiro de um envelope acabar, você não pode gastar mais nessa categoria até o próximo período.

    - **Digital:** Use aplicativos como Goodbudget para criar envelopes digitais e acompanhar suas despesas de forma semelhante.

4. **Método 50/30/20:**

    - **50% Necessidades:** Destine 50% de sua renda para necessidades essenciais, como moradia, alimentação e transporte.

    - **30% Desejos:** Reserve 30% para desejos e lazer, como entretenimento e viagens.

- **20% Poupança e Dívidas:** Direcione 20% para poupança e pagamento de dívidas.

Dicas para Manter um Orçamento Eficaz:

1. **Revise Regularmente:**
   - Revise seu orçamento mensalmente para garantir que ele ainda reflete sua situação financeira e metas. Faça ajustes conforme necessário.

2. **Seja Realista:**
   - Seja honesto sobre seus hábitos de gastos e ajuste seu orçamento para refletir a realidade. Metas irrealistas podem levar à frustração e ao abandono do orçamento.

3. **Automatize Poupanças:**
   - Configure transferências automáticas para contas de poupança e investimentos. Isso garante que você economize regularmente sem precisar pensar nisso.

4. **Reduza Despesas Supérfluas:**

- Identifique áreas onde você pode cortar gastos desnecessários. Pequenas economias podem se somar ao longo do tempo e liberar recursos para metas mais importantes.

5. **Use Recompensas:**

    - Recompense-se por alcançar metas financeiras. Pequenas recompensas podem manter a motivação e tornar o processo de orçamento mais agradável.

Exemplos Práticos:

1. **Exemplo de Orçamento Mensal:**

    - **Renda:** R$ 5.000

    - **Despesas Fixas:**

        - Aluguel: R$ 1.500

        - Serviços Públicos: R$ 300

        - Transporte: R$ 400

    - **Despesas Variáveis:**

        - Alimentação: R$ 800

- Lazer: R$ 500
- Saúde: R$ 200
- **Poupança e Investimentos:**
    - Fundo de Emergência: R$ 500
    - Investimentos: R$ 300
- **Total de Despesas:** R$ 4.500
- **Saldo Restante:** R$ 500 (pode ser direcionado para metas adicionais ou poupança)

2. **Exemplo de Ajuste de Orçamento:**
    - **Situação:** João percebe que está gastando R$ 200 a mais em alimentação do que o planejado.
    - **Ação:** Ele decide reduzir os gastos com lazer em R$ 100 e ajustar suas compras de supermercado para economizar os outros R$ 100. Ele também começa a cozinhar mais em casa para reduzir despesas com restaurantes.

Conclusão: Criar e manter um orçamento eficaz é essencial para alcançar suas metas financeiras e garantir a saúde financeira a longo prazo. O controle de gastos ajuda a evitar dívidas desnecessárias e a direcionar recursos para prioridades importantes. Com o uso de ferramentas práticas, como planilhas e aplicativos de orçamento, e a aplicação de métodos comprovados, como o método dos envelopes e o método 50/30/20, é possível desenvolver um orçamento que funcione para você. A disciplina e a revisão regular são fundamentais para manter o orçamento no caminho certo e alcançar a prosperidade financeira.

Capítulo 3: Gestão de Dívidas

No que diz respeito à organização financeira, o primeiro passo crucial é identificar para onde seu dinheiro está indo. Em que você está gastando? Onde ele está sendo drenado? Com o avanço da tecnologia, existem ferramentas que podem facilitar muito esse processo. Um exemplo é o aplicativo Guia Bolso, que ajuda a conectar seus gastos e a organizar suas finanças de maneira mais eficiente. Esse aplicativo é especialmente útil para aqueles que utilizam cartões de crédito, débito ou fazem transferências bancárias, pois ele pode sincronizar automaticamente essas transações.

Para aqueles que preferem usar dinheiro em espécie, o processo pode ser um pouco mais trabalhoso, pois será necessário registrar manualmente cada despesa. No entanto, essa prática de registrar manualmente pode ser uma excelente maneira de aumentar a conscientização sobre seus hábitos de consumo. É altamente recomendável evitar saques em dinheiro sempre que possível, pois o dinheiro em espécie tende a ser gasto mais rapidamente e é mais difícil de rastrear. O ditado "dinheiro na mão é vendaval" ilustra bem essa situação, destacando a facilidade com que o dinheiro físico pode desaparecer sem deixar rastros claros de onde foi gasto.

A gestão de dívidas é uma habilidade essencial para alcançar a estabilidade financeira e, eventualmente, a liberdade financeira. Compreender os diferentes tipos de dívidas e as estratégias eficazes para quitá-las pode transformar a maneira como você lida com suas finanças, permitindo que você se liberte do peso das obrigações financeiras e comece a construir riqueza de forma sustentável.

Tipos de Dívidas

Dívidas podem ser classificadas em duas categorias principais: dívidas boas e dívidas ruins. Entender a diferença entre elas é crucial para gerenciar suas finanças de maneira eficaz.

Dívidas Boas

Dívidas boas são aquelas que têm o potencial de aumentar seu patrimônio líquido ou melhorar sua situação financeira a longo prazo. Elas são geralmente associadas a investimentos que geram retorno ou que proporcionam benefícios significativos. Aqui estão alguns exemplos de dívidas boas:

1. **Hipotecas**: Uma hipoteca é um empréstimo usado para comprar uma casa. Embora seja uma dívida significativa, ela é considerada uma dívida boa porque a propriedade tende a valorizar ao longo do tempo. Além disso, possuir uma casa pode proporcionar estabilidade e segurança financeira. Em muitos casos, os juros pagos em uma hipoteca podem ser deduzidos dos impostos, o que pode reduzir o custo total do empréstimo.

2. **Empréstimos Estudantis**: Investir em educação pode aumentar significativamente seu potencial de ganho ao longo da vida. Um diploma universitário ou uma qualificação profissional pode abrir portas para melhores oportunidades de emprego e salários mais altos. Embora os empréstimos estudantis possam ser uma carga financeira, eles são considerados uma dívida boa porque o retorno sobre o investimento em educação é geralmente alto.

3. **Empréstimos para Negócios**: Tomar um empréstimo para iniciar ou expandir um negócio pode ser uma dívida boa se o negócio tiver potencial para gerar lucro. Um negócio bem-sucedido pode proporcionar uma fonte de renda significativa e aumentar seu patrimônio líquido. No entanto, é importante fazer uma análise cuidadosa e um plano de negócios sólido antes de assumir esse tipo de dívida.

Dívidas Ruins

Dívidas ruins são aquelas que não geram retorno e que podem prejudicar sua saúde financeira. Elas geralmente têm altas taxas de juros e são usadas para financiar bens de consumo que depreciam em valor. Aqui estão alguns exemplos de dívidas ruins:

1. **Cartões de Crédito com Altos Juros**: Dívidas de cartão de crédito são uma das formas mais comuns de dívidas ruins. As taxas de juros dos cartões de crédito podem ser extremamente altas, o que torna difícil pagar o saldo total. Além disso, os itens comprados com cartões de crédito geralmente depreciam em valor, o que significa

que você está pagando juros sobre algo que não vale mais o que você pagou.

2. **Empréstimos Pessoais para Consumo**: Empréstimos pessoais usados para financiar compras de consumo, como eletrônicos, roupas ou férias, são considerados dívidas ruins. Esses itens não geram retorno financeiro e geralmente perdem valor rapidamente. Pagar juros sobre essas compras pode prejudicar sua capacidade de economizar e investir.

3. **Financiamento de Automóveis**: Embora um carro possa ser uma necessidade, financiá-lo pode ser uma dívida ruim se você não puder pagar o valor total rapidamente. Os carros depreciam em valor assim que saem da concessionária, e pagar juros sobre um ativo que está perdendo valor pode ser financeiramente prejudicial.

4. **Consórcios: Uma Dívida Ruim Disfarçada?** Os consórcios são frequentemente apresentados como uma alternativa viável aos financiamentos tradicionais, especialmente para aqueles que

desejam adquirir um imóvel sem pagar juros. No entanto, é crucial entender que os consórcios também têm suas armadilhas financeiras, que podem torná-los uma opção menos atraente do que parecem à primeira vista.

Taxas de Administração e INCC

Embora os consórcios não cobrem juros, eles incluem uma taxa de administração que pode ser bastante significativa. Além disso, os consórcios estão sujeitos ao Índice Nacional de Custo de Construção (INCC), que mede a variação dos custos dos insumos utilizados em construções habitacionais. Esse índice, calculado pela Fundação Getúlio Vargas (FGV), pode fazer com que o valor total pago pelo consórcio seja maior do que o inicialmente previsto.

Impacto do INCC e IPCA

Ao contrário dos financiamentos tradicionais, que podem ter suas tarifas ajustadas por diferentes parâmetros, os consórcios são diretamente afetados pelo INCC. Isso significa que, à medida que os custos de construção aumentam, o valor que você precisa pagar também aumenta. Além disso, os consórcios também podem ser impactados pelo Índice de Preços ao Consumidor Amplo (IPCA), que mede a inflação. Esses ajustes podem tornar o consórcio mais caro do que um financiamento ao longo do tempo.

Funcionamento dos Consórcios

Um consórcio reúne um grupo de pessoas interessadas em adquirir um imóvel, que se comprometem a pagar mensalmente um valor fixo. A administradora do consórcio realiza sorteios periódicos para determinar quem receberá a carta de crédito, que pode ser usada para comprar o imóvel. Até ser contemplado, você continua pagando as parcelas do consórcio, além das taxas de administração que garantem a manutenção da empresa gestora e cobrem eventuais inadimplências.

Custos Ocultos e Reajustes

Inicialmente, o valor total do consórcio pode parecer atraente, pois é apresentado como um montante fixo. No entanto, esse valor é frequentemente reajustado com base no INCC, o que pode resultar em custos adicionais significativos ao longo do tempo. Além disso, enquanto espera ser contemplado, você pode precisar pagar aluguel ou outras despesas de moradia, o que aumenta ainda mais o custo total.

Comparação com Financiamentos

Embora os financiamentos tradicionais também tenham suas desvantagens, como altas taxas de juros, eles oferecem mais previsibilidade em termos de custos. As parcelas de um financiamento são geralmente fixas ou ajustadas de acordo com parâmetros mais estáveis, o que pode facilitar o planejamento financeiro a longo prazo.

Impacto na Saúde Financeira

A maneira como você gerencia suas dívidas pode ter um impacto significativo em sua saúde financeira. Dívidas boas, quando gerenciadas corretamente, podem ajudar a construir patrimônio e melhorar sua situação financeira a longo prazo. No entanto, dívidas ruins podem rapidamente se tornar uma carga financeira, dificultando sua capacidade de economizar, investir e alcançar seus objetivos financeiros.

Por exemplo, se você tem uma grande quantidade de dívidas de cartão de crédito com altos juros, uma parte significativa de sua renda mensal pode ser destinada ao pagamento de juros, deixando menos dinheiro disponível para outras necessidades e objetivos financeiros. Isso pode criar um ciclo vicioso de endividamento, onde você está constantemente lutando para pagar suas dívidas sem fazer progresso significativo.

Por outro lado, se você tem uma hipoteca ou um empréstimo estudantil, esses pagamentos podem ser vistos como investimentos em seu futuro. Embora ainda seja importante gerenciar essas dívidas de maneira responsável, elas têm o potencial de proporcionar benefícios financeiros a longo prazo.

Estratégias de Quitação de Dívidas

Existem várias estratégias eficazes para eliminar dívidas, e duas das mais populares são os métodos da bola de neve e da avalanche. Cada estratégia tem suas próprias vantagens e desvantagens, e a escolha da melhor abordagem depende de sua situação financeira e preferências pessoais.

Método da Bola de Neve

O método da bola de neve é uma abordagem psicológica para a quitação de dívidas que se concentra em pagar primeiro as dívidas menores. Aqui está como funciona:

1. **Liste suas Dívidas**: Faça uma lista de todas as suas dívidas, classificando-as da menor para a maior, independentemente da taxa de juros.

2. **Pague a Dívida Menor Primeiro**: Concentre-se em pagar a dívida menor primeiro, enquanto faz os pagamentos mínimos em todas as outras dívidas. Coloque todo o dinheiro extra que você puder na dívida menor até que ela seja totalmente quitada.

3. **Avance para a Próxima Dívida**: Depois de quitar a dívida menor, passe para a próxima dívida na lista. Use o dinheiro que estava pagando na dívida anterior para ajudar a pagar a próxima dívida, criando um efeito de bola de neve.

4. **Repita o Processo**: Continue esse processo até que todas as suas dívidas sejam quitadas.

Vantagens do Método da Bola de Neve

- **Motivação**: Pagar dívidas menores rapidamente pode proporcionar um senso de realização e motivação para continuar o processo. Cada dívida quitada é uma vitória que pode aumentar sua confiança e determinação.

- **Simplicidade**: O método da bola de neve é simples e fácil de seguir. Não requer cálculos complexos de juros, apenas uma lista de dívidas e um plano para pagá-las.

Desvantagens do Método da Bola de Neve

- **Custo Total**: O método da bola de neve pode resultar em um custo total mais alto em juros, especialmente se você tiver dívidas maiores com altas taxas de juros. Focar nas dívidas menores primeiro pode significar que você está pagando mais juros ao longo do tempo.

Exemplo Prático do Método da Bola de Neve

Vamos considerar um exemplo prático para ilustrar o método da bola de neve. Suponha que você tenha as seguintes dívidas:

- Cartão de Crédito A: $500 com 18% de juros
- Empréstimo Pessoal: $1,500 com 12% de juros
- Cartão de Crédito B: $2,000 com 20% de juros
- Empréstimo Estudantil: $5,000 com 6% de juros

Usando o método da bola de neve, você começaria pagando o Cartão de Crédito A primeiro. Suponha que você possa pagar $200 por mês. Você faria os pagamentos mínimos em todas as outras dívidas e colocaria o restante do dinheiro no Cartão de Crédito A até que ele fosse quitado. Depois de pagar o Cartão de Crédito A, você passaria para o Empréstimo Pessoal, usando os $200 mais o pagamento mínimo que estava fazendo no Cartão de Crédito A. Esse processo continuaria até que todas as dívidas fossem quitadas.

Método da Avalanche

O método da avalanche é uma abordagem matemática para a quitação de dívidas que se concentra em pagar primeiro as dívidas com as taxas de juros mais altas. Aqui está como funciona:

1. **Liste suas Dívidas**: Faça uma lista de todas as suas dívidas, classificando-as da maior para a menor taxa de juros.

2. **Pague a Dívida com Maior Juros Primeiro**: Concentre-se em pagar a dívida com a maior taxa de juros primeiro, enquanto faz os pagamentos mínimos em todas as outras dívidas. Coloque todo o dinheiro extra que você puder na dívida com a maior taxa de juros até que ela seja totalmente quitada.

3. **Avance para a Próxima Dívida**: Depois de quitar a dívida com a maior taxa de juros, passe para a próxima dívida na lista. Use o dinheiro que estava pagando na dívida anterior para ajudar a pagar a próxima dívida.

4. **Repita o Processo**: Continue esse processo até que todas as suas dívidas sejam quitadas.

Vantagens do Método da Avalanche

- **Economia de Juros**: O método da avalanche pode resultar em uma economia significativa de juros ao longo do tempo, pois você está focando nas dívidas mais caras primeiro.

- **Redução do Custo Total**: Ao pagar as dívidas com as maiores taxas de juros primeiro, você pode reduzir o custo total de suas dívidas mais rapidamente.

Desvantagens do Método da Avalanche

- **Motivação**: O método da avalanche pode ser menos motivador do que o método da bola de neve, especialmente se as dívidas com as maiores taxas de juros também forem as maiores em valor. Pode levar mais tempo para ver progresso significativo, o que pode ser desmotivador para algumas pessoas.

- **Complexidade**: O método da avalanche pode ser mais complexo de seguir, pois requer cálculos de juros e uma análise mais detalhada de suas dívidas.

Exemplo Prático do Método da Avalanche

Vamos considerar o mesmo exemplo prático para ilustrar o método da avalanche. Suponha que você tenha as seguintes dívidas:

- Cartão de Crédito A: $500 com 18% de juros
- Empréstimo Pessoal: $1,500 com 12% de juros
- Cartão de Crédito B: $2,000 com 20% de juros
- Empréstimo Estudantil: $5,000 com 6% de juros

Usando o método da avalanche, você começaria pagando o Cartão de Crédito B primeiro, pois ele tem a maior taxa de juros. Suponha que você possa pagar $200 por mês. Você faria os pagamentos mínimos em todas as outras dívidas e colocaria o restante do dinheiro no Cartão de Crédito B até que ele fosse quitado. Depois de pagar o Cartão de Crédito B, você passaria para o Cartão de Crédito A, usando os $200 mais o pagamento mínimo que estava fazendo no Cartão de Crédito B. Esse processo continuaria até que todas as dívidas fossem quitadas.

Comparação entre os Métodos

Ambos os métodos da bola de neve e da avalanche têm suas próprias vantagens e desvantagens, e a escolha da melhor abordagem depende de sua situação financeira e preferências pessoais. Aqui está uma comparação entre os dois métodos:

CRITÉRIO	MÉTODO DA BOLA DE NEVE	MÉTODO DA AVALANCHE
Foco Inicial	Dívidas menores	Dívidas com maiores juros
Motivação	Alta (vitórias rápidas)	Moderada (vitórias mais lentas)
Economia de Juros	Menor	Maior
Complexidade	Baixa	Alta
Custo Total	Maior	Menor

Escolhendo a Melhor Estratégia

A escolha entre o método da bola de neve e o método da avalanche depende de suas prioridades e preferências pessoais. Se você precisa de motivação e gosta de ver progresso rápido, o método da bola de neve pode ser a melhor opção para você. No entanto, se você está focado em economizar o máximo possível em juros e está disposto a seguir uma abordagem mais matemática, o método da avalanche pode ser mais adequado.

Independentemente do método que você escolher, o mais importante é ter um plano e segui-lo de forma consistente. A quitação de dívidas requer disciplina, paciência e comprometimento, mas os benefícios de se livrar das dívidas e alcançar a liberdade financeira valem o esforço.

Estudos de Caso

Vamos considerar alguns estudos de caso para ilustrar a aplicação dos métodos da bola de neve e da avalanche.

Estudo de Caso 1: Método da Bola de Neve

Maria tem as seguintes dívidas:

- Cartão de Crédito A: $300 com 15% de juros
- Empréstimo Pessoal: $1,200 com 10% de juros
- Cartão de Crédito B: $2,500 com 18% de juros
- Empréstimo Estudantil: $4,000 com 5% de juros

Maria decide usar o método da bola de neve para quitar suas dívidas. Ela faz uma lista de suas dívidas da menor para a maior e começa pagando o Cartão de Crédito A primeiro. Ela pode pagar $250 por mês. Aqui está o plano de Maria:

1. **Cartão de Crédito A**: Maria paga $250 por mês até que o saldo de $300 seja quitado em dois meses.

2. **Empréstimo Pessoal**: Depois de quitar o Cartão de Crédito A, Maria usa os $250 mais o pagamento mínimo que estava fazendo no Cartão de Crédito A para pagar o Empréstimo Pessoal. Ela paga $300 por mês até que o saldo de $1,200 seja quitado em quatro meses.

3. **Cartão de Crédito B**: Depois de quitar o Empréstimo Pessoal, Maria usa os $300 mais o pagamento mínimo que estava fazendo no Empréstimo Pessoal para pagar o Cartão de Crédito B. Ela paga $350 por mês até que o saldo de $2,500 seja quitado em sete meses.

4. **Empréstimo Estudantil**: Finalmente, Maria usa os $350 mais o pagamento mínimo que

estava fazendo no Cartão de Crédito B para pagar o Empréstimo Estudantil. Ela paga $400 por mês até que o saldo de $4,000 seja quitado em dez meses.

Maria consegue quitar todas as suas dívidas em um total de 23 meses, sentindo-se motivada e realizada a cada dívida quitada.

Estudo de Caso 2: Método da Avalanche

João tem as seguintes dívidas:

- Cartão de Crédito A: $500 com 20% de juros
- Empréstimo Pessoal: $1,500 com 12% de juros
- Cartão de Crédito B: $2,000 com 18% de juros
- Empréstimo Estudantil: $5,000 com 6% de juros

João decide usar o método da avalanche para quitar suas dívidas. Ele faz uma lista de suas dívidas da maior para a menor taxa de juros e começa pagando o Cartão de Crédito A primeiro. Ele pode pagar $300 por mês. Aqui está o plano de João:

1. **Cartão de Crédito A**: João paga $300 por mês até que o saldo de $500 seja quitado em dois meses.

2. **Cartão de Crédito B**: Depois de quitar o Cartão de Crédito A, João usa os $300 mais o pagamento mínimo que estava fazendo no Cartão de Crédito A para pagar o Cartão de Crédito B. Ele paga $350 por mês até que o saldo de $2,000 seja quitado em seis meses.

3. **Empréstimo Pessoal**: Depois de quitar o Cartão de Crédito B, João usa os $350 mais o pagamento mínimo que estava fazendo no Cartão de Crédito B para pagar o Empréstimo Pessoal. Ele paga $400 por mês até que o saldo de $1,500 seja quitado em quatro meses.

4. **Empréstimo Estudantil**: Finalmente, João usa os $400 mais o pagamento mínimo que estava fazendo no Empréstimo Pessoal para pagar o Empréstimo Estudantil. Ele paga $450 por mês até que o saldo de $5,000 seja quitado em onze meses.

João consegue quitar todas as suas dívidas em um total de 23 meses, economizando mais em juros ao longo do tempo.

Conclusão

A gestão de dívidas é uma parte crucial da construção de riqueza e da segurança financeira. Compreender a diferença entre dívidas boas e ruins e aplicar estratégias eficazes de quitação de dívidas pode transformar sua situação financeira e ajudá-lo a alcançar seus objetivos. Seja usando o método da bola de neve ou da avalanche, o mais importante é ter um plano, segui-lo de forma consistente e manter-se motivado ao longo do caminho. A liberdade financeira é alcançável, e com as ferramentas e estratégias certas, você pode se libertar das dívidas e começar a construir um futuro financeiro próspero e seguro.

Capítulo 4: Poupança e Fundo de Emergência

Importância da Poupança

A importância de ter uma reserva financeira não pode ser subestimada. A poupança é a base de uma vida financeira saudável e estável, proporcionando uma rede de segurança que pode ser crucial em tempos de incerteza. Poupar regularmente é um hábito que pode transformar a maneira como você lida com suas finanças, oferecendo uma série de benefícios que vão desde a tranquilidade mental até a capacidade de aproveitar oportunidades financeiras.

Benefícios de Poupar Regularmente

1. **Segurança Financeira em Tempos de Incerteza**: A vida é cheia de imprevistos. Despesas médicas inesperadas, perda de emprego, reparos urgentes na casa ou no carro são apenas alguns exemplos de situações que podem surgir sem aviso prévio. Ter uma reserva financeira permite que você lide com essas

emergências sem precisar recorrer a empréstimos ou dívidas de cartão de crédito, que geralmente vêm com altas taxas de juros.

2. **Redução do Estresse**: Saber que você tem uma reserva financeira pode reduzir significativamente o estresse relacionado a questões monetárias. A incerteza financeira é uma das principais causas de ansiedade e estresse. Ter um fundo de emergência proporciona paz de espírito, permitindo que você se concentre em outros aspectos importantes da sua vida, como saúde, família e carreira.

3. **Oportunidades de Investimento**: Ter dinheiro poupado também abre portas para oportunidades de investimento. Quando você tem uma reserva financeira, pode aproveitar oportunidades de investimento que surgem, como a compra de ações a preços baixos durante uma queda do mercado ou a aquisição de um imóvel com desconto. Essas oportunidades podem aumentar significativamente seu patrimônio ao longo do tempo.

4. **Planejamento para o Futuro**: Poupar regularmente permite que você planeje para o futuro com mais confiança. Seja para a compra de uma casa, a educação dos filhos ou a aposentadoria, ter uma reserva financeira ajuda a garantir que você possa alcançar seus objetivos de longo prazo. O planejamento financeiro eficaz é fundamental para construir uma vida estável e próspera.

Exemplos de Como a Poupança Pode Ajudar em Emergências Financeiras

1. **Despesas Médicas**: Imagine que você ou um membro da sua família precise de uma cirurgia de emergência. Sem uma reserva financeira, você pode ser forçado a recorrer a um empréstimo ou a um cartão de crédito para cobrir os custos médicos, o que pode resultar em uma dívida significativa. Com uma poupança, você pode pagar essas despesas sem comprometer sua estabilidade financeira.

2. **Perda de Emprego**: A perda de emprego é uma das situações mais estressantes que uma

pessoa pode enfrentar. Sem uma reserva financeira, você pode se encontrar em uma situação desesperadora, lutando para pagar contas e manter seu padrão de vida. Ter um fundo de emergência permite que você cubra suas despesas básicas enquanto procura um novo emprego, dando-lhe tempo para encontrar uma posição que realmente se alinhe com suas habilidades e interesses.

3. **Reparos Urgentes**: Reparos inesperados na casa ou no carro podem ser extremamente caros. Sem uma reserva financeira, você pode ser forçado a adiar esses reparos, o que pode levar a problemas ainda maiores e mais caros no futuro. Com uma poupança, você pode lidar com esses reparos imediatamente, evitando complicações adicionais.

4. **Oportunidades de Negócio**: Às vezes, surgem oportunidades de negócio que exigem um investimento inicial. Sem uma reserva financeira, você pode perder essas oportunidades. Ter uma poupança permite que você aproveite essas

oportunidades, potencialmente aumentando sua renda e seu patrimônio a longo prazo.

Construindo um Fundo de Emergência

Construir um fundo de emergência é uma das etapas mais importantes para garantir sua segurança financeira. Um fundo de emergência é uma reserva de dinheiro destinada a cobrir despesas inesperadas e emergências financeiras. Ter um fundo de emergência bem estruturado pode fazer a diferença entre enfrentar uma crise financeira com confiança ou cair em um ciclo de dívidas.

Quanto Poupar

A quantidade de dinheiro que você deve poupar em seu fundo de emergência pode variar dependendo de sua situação financeira e pessoal. No entanto, uma regra geral é ter o equivalente a três a seis meses de despesas básicas guardados. Isso inclui custos como aluguel ou hipoteca, contas de serviços públicos, alimentação, transporte e outras despesas essenciais.

1. **Três Meses de Despesas**: Se você tem uma renda estável e um emprego seguro, um fundo

de emergência de três meses de despesas básicas pode ser suficiente. Isso lhe dará uma rede de segurança para lidar com emergências de curto prazo, como reparos no carro ou despesas médicas inesperadas.

2. **Seis Meses de Despesas**: Se você tem uma renda variável, como freelancers ou trabalhadores autônomos, ou se seu emprego é menos seguro, é aconselhável ter um fundo de emergência de seis meses de despesas básicas. Isso lhe dará mais tempo para encontrar uma nova fonte de renda em caso de perda de emprego ou outras emergências financeiras.

3. **Mais de Seis Meses de Despesas**: Em algumas situações, pode ser prudente ter um fundo de emergência ainda maior. Por exemplo, se você tem dependentes, como crianças ou pais idosos, ou se você tem despesas médicas recorrentes, pode ser necessário ter uma reserva financeira maior para garantir que você possa cobrir todas as suas necessidades em caso de emergência.

Onde Guardar o Dinheiro

A acessibilidade e a segurança são os dois principais fatores a serem considerados ao decidir onde guardar seu fundo de emergência. Você quer que o dinheiro esteja facilmente acessível em caso de emergência, mas também quer garantir que ele esteja seguro e protegido contra perdas.

1. **Conta Poupança**: Uma conta poupança é uma das opções mais comuns para guardar um fundo de emergência. As contas poupança são seguras e oferecem fácil acesso ao seu dinheiro. Além disso, a maioria das contas poupança oferece um pequeno rendimento de juros, o que pode ajudar a aumentar seu fundo de emergência ao longo do tempo.

2. **Conta Corrente**: Embora as contas correntes geralmente não ofereçam juros, elas são extremamente acessíveis. Se você precisar acessar seu fundo de emergência rapidamente, uma conta corrente pode ser uma boa opção. No entanto, é importante garantir que você não

gaste esse dinheiro em despesas não emergenciais.

3. **Certificados de Depósito (CDs)**: Os certificados de depósito (CDs) são uma opção segura para guardar seu fundo de emergência, especialmente se você não precisar acessar o dinheiro imediatamente. Os CDs geralmente oferecem taxas de juros mais altas do que as contas poupança, mas exigem que você mantenha o dinheiro investido por um período fixo. Se você optar por um CD, é aconselhável escolher um com um prazo curto, para que você possa acessar o dinheiro em caso de emergência.

4. **Fundos do Mercado Monetário**: Os fundos do mercado monetário são uma opção de investimento de baixo risco que pode oferecer um rendimento ligeiramente maior do que as contas poupança. Esses fundos investem em títulos de curto prazo e são geralmente considerados seguros. No entanto, é importante

verificar as taxas e os requisitos de saldo mínimo antes de investir.

Dicas para Construir um Fundo de Emergência

1. **Comece Pequeno e Seja Consistente**: Construir um fundo de emergência pode parecer uma tarefa assustadora, especialmente se você está começando do zero. No entanto, é importante lembrar que cada pequena contribuição conta. Comece poupando uma quantia pequena e aumente gradualmente à medida que sua situação financeira permitir. A consistência é a chave para construir um fundo de emergência sólido.

2. **Automatize Suas Economias**: Automatizar suas economias pode tornar o processo de construção de um fundo de emergência mais fácil e eficiente. Configure transferências automáticas de sua conta corrente para sua conta poupança ou outro veículo de poupança escolhido. Isso garante que você esteja

poupando regularmente, sem precisar pensar nisso.

3. **Reduza Despesas Desnecessárias**: Uma maneira eficaz de aumentar suas economias é reduzir despesas desnecessárias. Revise seu orçamento e identifique áreas onde você pode cortar gastos. Isso pode incluir reduzir refeições fora de casa, cancelar assinaturas não utilizadas ou encontrar maneiras de economizar em contas de serviços públicos.

4. **Aproveite Renda Extra**: Se você receber renda extra, como bônus, reembolsos de impostos ou presentes em dinheiro, considere direcionar uma parte ou a totalidade desse dinheiro para seu fundo de emergência. Isso pode ajudar a aumentar rapidamente suas economias.

5. **Revise e Ajuste Regularmente**: Sua situação financeira pode mudar ao longo do tempo, então é importante revisar e ajustar seu fundo de emergência regularmente. Certifique-se de que o valor que você está poupando ainda é

adequado para suas necessidades e faça ajustes conforme necessário.

Conclusão

A poupança e a construção de um fundo de emergência são componentes essenciais de uma vida financeira saudável. Ter uma reserva financeira proporciona segurança em tempos de incerteza, reduz o estresse, abre portas para oportunidades de investimento e permite um planejamento mais eficaz para o futuro. Ao determinar quanto poupar e onde guardar seu dinheiro, você pode garantir que está preparado para enfrentar qualquer emergência financeira que possa surgir. Com consistência e disciplina, você pode construir um fundo de emergência sólido que lhe dará a tranquilidade e a segurança necessárias para viver uma vida financeira estável e próspera.

Capítulo 5: Introdução aos Investimentos

Investir é uma das maneiras mais eficazes de construir riqueza ao longo do tempo. No entanto, o mundo dos investimentos pode ser complexo e intimidador para iniciantes. Este capítulo tem como objetivo fornecer uma introdução abrangente aos diferentes tipos de investimentos e explicar como avaliar o risco e o retorno de cada um. Compreender esses conceitos é fundamental para tomar decisões informadas e construir um portfólio diversificado que atenda às suas metas financeiras.

Tipos de Investimentos

Existem vários tipos de investimentos disponíveis, cada um com suas próprias características, vantagens e desvantagens. A seguir, vamos explorar alguns dos investimentos mais comuns: ações, títulos, fundos imobiliários e criptomoedas.

Ações

Definição e Características: Ações representam uma participação no capital de uma empresa. Quando você compra uma ação, você se torna um acionista e, portanto, um proprietário parcial da empresa. As ações são negociadas em bolsas de valores, como a Bolsa de Valores de Nova York (NYSE) ou a Bolsa de Valores de São Paulo (B3).

Vantagens:

- **Potencial de Crescimento**: As ações têm o potencial de oferecer retornos significativos ao longo do tempo, especialmente se a empresa crescer e se tornar mais lucrativa.

- **Dividendos**: Algumas empresas pagam dividendos, que são distribuições de lucros aos acionistas. Isso pode fornecer uma fonte adicional de renda.

- **Liquidez**: As ações são geralmente fáceis de comprar e vender, o que significa que você pode converter seu investimento em dinheiro rapidamente se necessário.

Desvantagens:

- **Volatilidade**: O preço das ações pode ser altamente volátil, subindo e descendo rapidamente com base em fatores como desempenho da empresa, condições econômicas e eventos globais.

- **Risco de Perda**: Existe o risco de perder parte ou todo o seu investimento se a empresa tiver um desempenho ruim ou falir.

Estratégias de Investimento:

- **Investimento em Valor**: Focar em ações que estão subvalorizadas pelo mercado, mas que têm potencial de crescimento.

- **Investimento em Crescimento**: Focar em ações de empresas que estão crescendo rapidamente e têm potencial para continuar crescendo.

- **Investimento em Dividendos**: Focar em ações de empresas que pagam dividendos regulares e consistentes.

Títulos

Definição e Características: Títulos são instrumentos de dívida emitidos por governos, empresas ou outras entidades para financiar projetos e operações. Quando você compra um título, você está emprestando dinheiro ao emissor em troca de pagamentos de juros regulares e do reembolso do valor principal no vencimento.

Vantagens:

- **Renda Fixa**: Os títulos oferecem pagamentos de juros regulares, o que pode fornecer uma fonte estável de renda.

- **Menor Risco**: Os títulos são geralmente considerados menos arriscados do que as ações, especialmente os títulos do governo.

- **Diversificação**: Incluir títulos em seu portfólio pode ajudar a diversificar seus investimentos e reduzir o risco geral.

Desvantagens:

- **Retorno Limitado**: Os títulos geralmente oferecem retornos mais baixos do que as ações, especialmente em períodos de baixa inflação.

- **Risco de Crédito**: Existe o risco de que o emissor do título não consiga fazer os pagamentos de juros ou reembolsar o valor principal no vencimento.

Tipos de Títulos:

- **Títulos do Governo**: Emitidos por governos nacionais e geralmente considerados os investimentos mais seguros.

- **Títulos Municipais**: Emitidos por governos locais para financiar projetos públicos.

- **Títulos Corporativos**: Emitidos por empresas para financiar operações e projetos de expansão.

Fundos Imobiliários

Definição e Características: Fundos Imobiliários (FIIs) são veículos de investimento que permitem que os investidores comprem participações em propriedades imobiliárias comerciais, como shopping centers, escritórios e armazéns. Os FIIs são negociados em bolsas de valores, assim como as ações.

Vantagens:

- **Diversificação**: Os FIIs permitem que os investidores diversifiquem seus investimentos em imóveis sem a necessidade de comprar e gerenciar propriedades diretamente.

- **Renda Passiva**: Os FIIs geralmente distribuem a maior parte de sua renda de aluguel aos investidores na forma de dividendos.

- **Acessibilidade**: Investir em FIIs requer menos capital inicial do que comprar propriedades diretamente.

Desvantagens:

- **Risco de Mercado**: O valor dos FIIs pode ser afetado por condições econômicas e do mercado imobiliário.

- **Liquidez**: Embora os FIIs sejam negociados em bolsas de valores, eles podem ser menos líquidos do que as ações, especialmente em mercados menores.

Tipos de FIIs:

- **FIIs de Renda**: Focados em gerar renda de aluguel estável e consistente.
- **FIIs de Desenvolvimento**: Focados em desenvolver novas propriedades e vender ou alugar para obter lucro.
- **FIIs Híbridos**: Combinam estratégias de renda e desenvolvimento.

Criptomoedas

Definição e Características: Criptomoedas são moedas digitais que utilizam criptografia para garantir transações e controlar a criação de novas unidades. As criptomoedas mais conhecidas incluem Bitcoin, Ethereum e Ripple.

Vantagens:

- **Potencial de Alto Retorno**: As criptomoedas têm o potencial de oferecer retornos significativos, especialmente em períodos de alta volatilidade.
- **Descentralização**: As criptomoedas não são controladas por governos ou instituições

financeiras, o que pode oferecer maior liberdade e privacidade.

- **Inovação Tecnológica**: Investir em criptomoedas pode oferecer exposição a tecnologias emergentes, como blockchain.

Desvantagens:

- **Alta Volatilidade**: O preço das criptomoedas pode ser extremamente volátil, subindo e descendo rapidamente com base em fatores como notícias, regulamentações e sentimento do mercado.

- **Risco de Segurança**: As criptomoedas são vulneráveis a hacks e fraudes, e a perda de chaves privadas pode resultar na perda permanente de fundos.

- **Regulamentação Incerta**: A regulamentação das criptomoedas está em constante evolução, o que pode criar incertezas e riscos adicionais.

Estratégias de Investimento:

- **Compra e Retenção (HODL)**: Comprar criptomoedas e mantê-las a longo prazo, independentemente das flutuações de preço.
- **Trading de Curto Prazo**: Comprar e vender criptomoedas com base em movimentos de preço de curto prazo.
- **Staking e Yield Farming**: Participar de redes de criptomoedas para ganhar recompensas adicionais.

Risco e Retorno

Avaliar o risco e o potencial de retorno de diferentes investimentos é fundamental para construir um portfólio equilibrado e alinhado com suas metas financeiras. A relação entre risco e retorno é um dos conceitos mais importantes em finanças, e entender como equilibrar esses fatores pode ajudá-lo a tomar decisões de investimento mais informadas.

Avaliando o Risco

O risco é a possibilidade de que o retorno real de um investimento seja diferente do retorno esperado.

Existem vários tipos de risco que os investidores devem considerar:

1. **Risco de Mercado**: O risco de mercado é a possibilidade de que o valor de um investimento caia devido a mudanças nas condições do mercado. Isso pode incluir flutuações nos preços das ações, mudanças nas taxas de juros e variações nas taxas de câmbio.

2. **Risco de Crédito**: O risco de crédito é a possibilidade de que o emissor de um título não consiga fazer os pagamentos de juros ou reembolsar o valor principal no vencimento. Isso é particularmente relevante para títulos corporativos e municipais.

3. **Risco de Liquidez**: O risco de liquidez é a possibilidade de que você não consiga vender um investimento rapidamente sem incorrer em uma perda significativa. Isso pode ser um problema para investimentos menos líquidos, como imóveis e certos tipos de títulos.

4. **Risco Operacional**: O risco operacional é a possibilidade de que problemas internos em uma

empresa ou organização, como fraudes ou falhas de gestão, afetem o valor de um investimento.

5. **Risco Regulatório**: O risco regulatório é a possibilidade de que mudanças nas leis e regulamentações afetem o valor de um investimento. Isso é particularmente relevante para setores altamente regulamentados, como saúde e energia.

Avaliando o Retorno

O retorno é a recompensa que você recebe por assumir o risco de um investimento. Existem várias maneiras de medir o retorno de um investimento:

1. **Retorno Absoluto**: O retorno absoluto é o ganho ou perda total de um investimento ao longo de um período específico. Isso pode ser medido em termos de valor monetário ou percentual.

2. **Retorno Relativo**: O retorno relativo é o desempenho de um investimento em comparação com um índice de referência ou benchmark. Isso pode ajudar a avaliar se um

investimento está superando ou subestimando o mercado.

3. **Retorno Ajustado ao Risco**: O retorno ajustado ao risco é uma medida que leva em consideração o risco assumido para alcançar um determinado retorno. Isso pode incluir métricas como o Índice de Sharpe, que compara o retorno de um investimento com sua volatilidade.

Relação entre Risco e Retorno

A relação entre risco e retorno é um princípio fundamental em finanças. Em geral, investimentos com maior potencial de retorno também vêm com maior risco. Por outro lado, investimentos mais seguros tendem a oferecer retornos mais baixos. A chave para construir um portfólio bem-sucedido é encontrar um equilíbrio entre risco e retorno que esteja alinhado com suas metas financeiras e tolerância ao risco.

Exemplo Prático: Considere dois investimentos hipotéticos: Ação X e Título Y. Ação X tem um potencial de retorno anual de 15%, mas também tem uma alta volatilidade, com o preço subindo e descendo significativamente ao longo do tempo. Título Y, por outro lado, oferece um retorno anual de 5%, mas é muito mais estável e previsível.

Se você tem uma alta tolerância ao risco e está buscando maximizar seus retornos a longo prazo, Ação X pode ser uma escolha adequada. No entanto, se você prefere estabilidade e está mais preocupado em proteger seu capital, Título Y pode ser uma opção melhor.

Gráfico de Risco e Retorno

Para ilustrar a relação entre risco e retorno, considere a tabela a seguir:

TIPO DE INVESTIMENTO	RISCO (VOLATILIDADE)	RETORNO ESPERADO
Ações	Alto	Alto
Títulos Corporativos	Médio	Médio
Títulos do Governo	Baixo	Baixo
Fundos Imobiliários	Médio	Médio
Criptomoedas	Muito Alto	Muito Alto

Neste gráfico, podemos observar que:

- **Ações**: Apresentam um risco alto devido à sua volatilidade, mas também oferecem um retorno esperado alto.

- **Títulos Corporativos**: Têm um risco médio e um retorno esperado médio, sendo uma opção intermediária entre ações e títulos do governo.

- **Títulos do Governo**: São considerados investimentos de baixo risco, com retorno esperado baixo, mas oferecem maior segurança.

- **Fundos Imobiliários**: Oferecem um risco e retorno médios, proporcionando diversificação e renda passiva.

- **Criptomoedas**: Apresentam o maior risco devido à sua alta volatilidade, mas também têm o potencial de oferecer retornos muito altos.

Neste gráfico, podemos ver que as ações e as criptomoedas têm um risco e um retorno esperados mais altos, enquanto os títulos do governo têm um risco e um retorno esperados mais baixos. Os títulos corporativos e os fundos imobiliários caem em algum lugar no meio, oferecendo um equilíbrio entre risco e retorno.

Equilibrando Risco e Retorno

Para equilibrar risco e retorno ao construir um portfólio, os investidores podem usar várias estratégias:

1. **Diversificação**: Diversificar seus investimentos é uma das maneiras mais eficazes de reduzir o risco sem sacrificar o retorno. Ao espalhar seus investimentos por diferentes classes de ativos, setores e geografias, você pode reduzir a exposição a qualquer risco específico.

2. **Alocação de Ativos**: A alocação de ativos envolve dividir seu portfólio entre diferentes tipos de investimentos, como ações, títulos e imóveis, com base em sua tolerância ao risco e metas financeiras. Uma alocação de ativos bem planejada pode ajudar a equilibrar risco e retorno.

3. **Rebalanceamento Regular**: O rebalanceamento regular envolve ajustar a composição do seu portfólio para manter sua

alocação de ativos desejada. Isso pode envolver vender investimentos que tiveram um bom desempenho e comprar aqueles que tiveram um desempenho inferior para manter o equilíbrio.

4. **Análise Fundamental e Técnica**: Usar análise fundamental e técnica pode ajudar a identificar investimentos que oferecem um bom equilíbrio entre risco e retorno. A análise fundamental envolve avaliar os fundamentos financeiros de uma empresa, enquanto a análise técnica envolve estudar padrões de preço e volume.

5. **Investimento em Fundos**: Investir em fundos mútuos ou ETFs (fundos negociados em bolsa) pode oferecer diversificação instantânea e gestão profissional, ajudando a equilibrar risco e retorno. Esses fundos geralmente investem em uma ampla gama de ativos, o que pode reduzir o risco geral do portfólio.

Conclusão

Investir é uma ferramenta poderosa para construir riqueza e alcançar suas metas financeiras. Compreender os diferentes tipos de investimentos e como avaliar o risco e o retorno de cada um é fundamental para tomar decisões informadas. Ao equilibrar risco e retorno e usar estratégias como diversificação e alocação de ativos, você pode construir um portfólio que atenda às suas necessidades e objetivos financeiros. Lembre-se de que investir é uma jornada de longo prazo, e a paciência e a disciplina são essenciais para alcançar o sucesso financeiro.

Capítulo 6: Diversificação de Portfólio

A diversificação é uma das estratégias mais fundamentais e eficazes para a gestão de riscos em investimentos. Ao espalhar seus investimentos por diferentes ativos, setores e geografias, você pode reduzir a exposição a qualquer risco específico e aumentar a probabilidade de alcançar retornos mais estáveis e consistentes. Este capítulo explora a importância da diversificação, a teoria por trás dela e estratégias práticas para implementar a diversificação em seu portfólio.

Importância da Diversificação

Redução de Riscos

A diversificação é essencial porque ajuda a reduzir o risco não sistemático, também conhecido como risco específico ou idiossincrático. Esse tipo de risco é associado a um ativo ou empresa específica e pode ser mitigado ao incluir uma variedade de ativos em seu portfólio. Ao diversificar, você não coloca "todos os ovos em uma única cesta", o que significa que o desempenho negativo de um investimento pode ser compensado pelo desempenho positivo de outro.

Teoria por Trás da Diversificação: A teoria moderna do portfólio, desenvolvida por Harry Markowitz na década de 1950, é a base da diversificação. Markowitz demonstrou que um portfólio diversificado pode oferecer um retorno esperado maior para um determinado nível de risco, ou um risco menor para um determinado nível de retorno esperado. Isso é possível porque os ativos em um portfólio diversificado não são perfeitamente correlacionados; ou seja, eles não se movem exatamente na mesma direção ao mesmo tempo.

Exemplo Histórico: Durante a crise financeira de 2008, muitos investidores que tinham portfólios concentrados em ações de bancos e instituições financeiras sofreram perdas significativas. No entanto, aqueles que tinham portfólios diversificados, incluindo títulos do governo, commodities e ações de setores menos afetados, como saúde e consumo básico, conseguiram mitigar parte das perdas. Isso ilustra como a diversificação pode proteger os investimentos contra a volatilidade do mercado.

Proteção Contra a Volatilidade do Mercado

A volatilidade do mercado é uma realidade inevitável para todos os investidores. No entanto, a diversificação pode ajudar a suavizar os altos e baixos do mercado, proporcionando retornos mais estáveis ao longo do tempo. Quando um ativo ou setor está em baixa, outro pode estar em alta, equilibrando o desempenho geral do portfólio.

Exemplo Histórico: Considere o período de 2000 a 2002, quando o estouro da bolha das empresas de tecnologia (dot-com) levou a uma queda significativa nos preços das ações de tecnologia. Investidores que tinham portfólios concentrados em ações de tecnologia sofreram perdas substanciais. No entanto, aqueles que tinham portfólios diversificados, incluindo títulos, imóveis e ações de setores menos afetados, como energia e saúde, conseguiram proteger seus investimentos contra a volatilidade extrema do mercado.

Estratégias de Diversificação

Existem várias abordagens para diversificar um portfólio de investimentos. A seguir, discutiremos algumas das estratégias mais comuns e eficazes.

Diversificação por Setor

Definição e Importância: Diversificar por setor envolve investir em diferentes setores da economia, como tecnologia, saúde, finanças, energia, consumo básico, entre outros. Cada setor tem suas próprias características e responde de maneira diferente a mudanças econômicas, políticas e tecnológicas.

Exemplo Prático: Um investidor pode alocar 20% de seu portfólio em ações de tecnologia, 20% em ações de saúde, 20% em ações de consumo básico, 20% em ações de energia e 20% em ações financeiras. Dessa forma, se o setor de tecnologia enfrentar dificuldades, o impacto negativo no portfólio pode ser compensado pelo desempenho positivo de outros setores.

Estudo de Caso: Durante a pandemia de COVID-19 em 2020, o setor de tecnologia e o setor de saúde tiveram um desempenho excepcional, enquanto setores como energia e turismo sofreram grandes perdas. Investidores que tinham portfólios diversificados por setor conseguiram mitigar as perdas em setores afetados negativamente, beneficiando-se do desempenho positivo dos setores de tecnologia e saúde.

Diversificação Geográfica

Definição e Importância: Diversificar geograficamente envolve investir em diferentes regiões e países. Isso pode ajudar a reduzir o risco associado a eventos econômicos, políticos ou naturais que afetam uma região específica.

Exemplo Prático: Um investidor pode alocar 40% de seu portfólio em ações dos Estados Unidos, 30% em ações da Europa, 20% em ações da Ásia e 10% em ações de mercados emergentes. Dessa forma, se uma região enfrentar dificuldades econômicas ou políticas, o impacto negativo no portfólio pode ser compensado pelo desempenho positivo de outras regiões.

Estudo de Caso: Durante a crise da dívida soberana europeia em 2010-2012, muitos investidores que tinham portfólios concentrados em ações europeias sofreram perdas significativas. No entanto, aqueles que tinham portfólios diversificados geograficamente, incluindo ações dos Estados Unidos, Ásia e mercados emergentes, conseguiram mitigar parte das perdas.

Diversificação por Classe de Ativos

Definição e Importância: Diversificar por classe de ativos envolve investir em diferentes tipos de ativos, como ações, títulos, imóveis, commodities e criptomoedas. Cada classe de ativos tem suas próprias características de risco e retorno e responde de maneira diferente a mudanças econômicas e de mercado.

Exemplo Prático: Um investidor pode alocar 40% de seu portfólio em ações, 30% em títulos, 20% em imóveis e 10% em commodities. Dessa forma, se o mercado de ações enfrentar dificuldades, o impacto negativo no portfólio pode ser compensado pelo desempenho positivo de títulos, imóveis e commodities.

Estudo de Caso: Durante a crise financeira de 2008, muitos investidores que tinham portfólios concentrados em ações sofreram perdas significativas. No entanto, aqueles que tinham portfólios diversificados por classe de ativos, incluindo títulos do governo, imóveis e commodities como ouro, conseguiram mitigar parte das perdas.

Diversificação por Estilo de Investimento

Definição e Importância: Diversificar por estilo de investimento envolve investir em diferentes estilos de investimento, como crescimento, valor, dividendos e small caps. Cada estilo de investimento tem suas próprias características e responde de maneira diferente a mudanças econômicas e de mercado.

Exemplo Prático: Um investidor pode alocar 25% de seu portfólio em ações de crescimento, 25% em ações de valor, 25% em ações de dividendos e 25% em ações de small caps. Dessa forma, se um estilo de investimento enfrentar dificuldades, o impacto negativo no portfólio pode ser compensado pelo desempenho positivo de outros estilos.

Estudo de Caso: Durante a recuperação econômica pós-crise financeira de 2008, ações de crescimento, especialmente no setor de tecnologia, tiveram um desempenho excepcional. Investidores que tinham portfólios diversificados por estilo de investimento conseguiram se beneficiar do desempenho positivo das ações de crescimento, enquanto mitigavam o risco associado a outros estilos de investimento.

Diversificação por Horizonte de Tempo

Definição e Importância: Diversificar por horizonte de tempo envolve investir em ativos com diferentes horizontes de tempo, como curto, médio e longo prazo. Isso pode ajudar a equilibrar o risco e o retorno ao longo do tempo e a atender diferentes metas financeiras.

Exemplo Prático: Um investidor pode alocar 30% de seu portfólio em investimentos de curto prazo, como títulos de curto prazo e contas de poupança, 40% em investimentos de médio prazo, como títulos de médio prazo e fundos mútuos, e 30% em investimentos de longo prazo, como ações e imóveis. Dessa forma, o investidor pode atender a diferentes metas financeiras e equilibrar o risco e o retorno ao longo do tempo.

Estudo de Caso: Durante a crise financeira de 2008, muitos investidores que tinham portfólios concentrados em investimentos de longo prazo, como ações, sofreram perdas significativas. No entanto, aqueles que tinham portfólios diversificados por horizonte de tempo, incluindo investimentos de curto e médio prazo, conseguiram mitigar parte das perdas e atender a diferentes metas financeiras.

Implementação da Diversificação

Implementar a diversificação em seu portfólio envolve várias etapas, incluindo a definição de metas financeiras, a avaliação de sua tolerância ao risco e a seleção de ativos diversificados. A seguir, discutiremos algumas das etapas mais importantes para implementar a diversificação em seu portfólio.

Definição de Metas Financeiras

Antes de diversificar seu portfólio, é importante definir suas metas financeiras. Isso pode incluir metas de curto prazo, como economizar para uma viagem ou comprar um carro, metas de médio prazo, como economizar para a educação dos filhos, e metas de longo prazo, como economizar para a aposentadoria.

Exemplo Prático: Um investidor pode definir as seguintes metas financeiras:

- **Curto Prazo**: Economizar $10.000 para uma viagem em dois anos.

- **Médio Prazo**: Economizar $50.000 para a educação dos filhos em dez anos.
- **Longo Prazo**: Economizar $500.000 para a aposentadoria em trinta anos.

Avaliação da Tolerância ao Risco

A tolerância ao risco é a capacidade e disposição de um investidor para assumir riscos. Isso pode variar com base em fatores como idade, situação financeira, horizonte de tempo e objetivos financeiros. Avaliar sua tolerância ao risco é fundamental para selecionar ativos que estejam alinhados com seu perfil de risco.

Exemplo Prático: Um investidor jovem com um horizonte de tempo longo e uma alta tolerância ao risco pode optar por um portfólio mais agressivo, com uma maior alocação em ações e criptomoedas. Por outro lado, um investidor mais velho, próximo da aposentadoria, com uma baixa tolerância ao risco, pode optar por um portfólio mais conservador, com uma maior alocação em títulos e imóveis.

Seleção de Ativos Diversificados

A seleção de ativos diversificados envolve escolher uma variedade de ativos que estejam alinhados com suas metas financeiras e tolerância ao risco. Isso pode incluir ações, títulos, imóveis, commodities e criptomoedas, entre outros.

Exemplo Prático: Um investidor pode selecionar os seguintes ativos para diversificar seu portfólio:

- **Ações**: 40% do portfólio, incluindo ações de diferentes setores e regiões.

- **Títulos**: 30% do portfólio, incluindo títulos do governo e títulos corporativos.

- **Imóveis**: 20% do portfólio, incluindo fundos imobiliários e propriedades diretas.

- **Commodities**: 5% do portfólio, incluindo ouro e petróleo.

- **Criptomoedas**: 5% do portfólio, incluindo Bitcoin e Ethereum.

Monitoramento e Rebalanceamento

Monitorar e rebalancear seu portfólio regularmente é fundamental para manter a diversificação e garantir que seu portfólio esteja alinhado com suas metas financeiras e tolerância ao risco. O rebalanceamento envolve ajustar a composição do seu portfólio para manter sua alocação de ativos desejada.

Exemplo Prático: Um investidor pode monitorar seu portfólio trimestralmente e rebalancear anualmente. Se o desempenho de um ativo específico, como ações, for excepcional, a alocação em ações pode aumentar além da alocação desejada. Nesse caso, o investidor pode vender parte das ações e comprar outros ativos, como títulos e imóveis, para manter a diversificação.

Conclusão

A diversificação é uma estratégia fundamental para a gestão de riscos em investimentos. Ao espalhar seus investimentos por diferentes ativos, setores, geografias, estilos de investimento e horizontes de tempo, você pode reduzir a exposição a qualquer risco específico e aumentar a probabilidade de alcançar retornos mais estáveis e consistentes. Implementar a diversificação em seu portfólio envolve definir metas financeiras, avaliar sua tolerância ao risco, selecionar ativos diversificados e monitorar e rebalancear seu portfólio regularmente. Com uma abordagem diversificada, você pode proteger seus investimentos contra a volatilidade do mercado e alcançar suas metas financeiras a longo prazo.

Capítulo 7: Investimentos para Iniciantes (Brasil)

Investir pode parecer uma tarefa assustadora, especialmente para aqueles que estão começando com pouco dinheiro. No entanto, com as estratégias certas e um pouco de conhecimento, qualquer pessoa pode começar a investir e construir um portfólio sólido ao longo do tempo. Este capítulo fornecerá orientações detalhadas sobre como começar a investir com pouco dinheiro no Brasil, identificar oportunidades de investimento acessíveis e evitar erros comuns de iniciantes. Além disso, discutiremos as melhores plataformas e aplicativos que facilitam o investimento para iniciantes no mercado brasileiro.

Primeiros Passos

Como Começar a Investir com Pouco Dinheiro

Muitas pessoas acreditam que é necessário ter uma grande quantia de dinheiro para começar a investir, mas isso não é verdade. Com o advento das tecnologias financeiras e das plataformas de investimento acessíveis, é possível começar a investir com quantias muito pequenas. Aqui estão algumas etapas para começar a investir com pouco dinheiro no Brasil:

1. **Defina Seus Objetivos Financeiros**: Antes de começar a investir, é importante definir seus objetivos financeiros. Pergunte a si mesmo o que você espera alcançar com seus investimentos. Seus objetivos podem incluir economizar para a aposentadoria, comprar uma casa, pagar a educação dos filhos ou simplesmente aumentar sua riqueza ao longo do tempo. Definir objetivos claros ajudará a orientar suas decisões de investimento.

2. **Crie um Fundo de Emergência**: Antes de investir, é essencial ter um fundo de emergência. Um fundo de emergência é uma reserva de dinheiro que pode cobrir despesas inesperadas, como reparos no carro, contas médicas ou perda de emprego. Recomenda-se ter pelo menos três a seis meses de despesas de subsistência em um fundo de emergência. Isso garantirá que você não precise vender seus investimentos em

momentos inoportunos para cobrir despesas inesperadas.

3. **Comece com Investimentos de Baixo Custo**: Existem várias opções de investimento de baixo custo que são ideais para iniciantes no Brasil. Algumas dessas opções incluem:

    ✓ **Tesouro Direto**: O Tesouro Direto é uma plataforma do governo brasileiro que permite que você invista em títulos públicos. É uma opção segura e acessível, com investimentos a partir de R$ 30,00. Existem diferentes tipos de títulos, como Tesouro Selic, Tesouro IPCA+ e Tesouro Prefixado, cada um com suas características e prazos. Descubra como obter as melhores rentabilidades na renda fixa investindo em títulos públicos. Conheça os títulos que oferecem juros fixos, aqueles que geram lucros quando as taxas de juros aumentam, os que rendem mais em períodos de alta inflação, os que fazem depósitos semestrais em sua conta e até os que se valorizam quando as taxas de juros estão em queda. Aprenda a lucrar emprestando seu dinheiro ao Tesouro Nacional.

✓ **Fundos de Investimento**: Fundos de investimento são veículos financeiros que reúnem recursos de diversos investidores para aplicar em um portfólio diversificado de ativos, como ações, títulos, imóveis, entre outros. A gestão desses fundos é realizada por profissionais especializados, conhecidos como gestores de fundos, que tomam decisões de investimento com base em análises detalhadas e estratégias específicas. Essa gestão profissional é um dos principais atrativos dos fundos de investimento, pois permite que investidores individuais se beneficiem da expertise de especialistas do mercado financeiro.

- **Tipos de Fundos de Investimento**

- Existem diversos tipos de fundos de investimento, cada um com características e objetivos específicos. Abaixo, detalhamos alguns dos principais tipos:
- **Fundos de Ações**:
- **Descrição**: Investem predominantemente em ações de empresas listadas em bolsas de valores.
- **Perfil de Risco**: Alto, devido à volatilidade do mercado de ações.
- **Objetivo**: Buscar valorização do capital a longo prazo.
- **Exemplo**: Um fundo de ações pode investir em empresas de tecnologia com alto potencial de crescimento.
- **Fundos de Renda Fixa**:
- **Descrição**: Investem em títulos de renda fixa, como títulos públicos, debêntures e CDBs.

- **Perfil de Risco**: Baixo a moderado, dependendo dos ativos incluídos no portfólio.
- **Objetivo**: Proporcionar rendimentos estáveis e previsíveis.
- **Exemplo**: Um fundo de renda fixa pode investir em títulos do Tesouro Nacional, que oferecem segurança e rentabilidade.
- **Fundos Multimercado**:
- **Descrição**: Investem em uma combinação de diferentes classes de ativos, como ações, renda fixa, câmbio e commodities.
- **Perfil de Risco**: Variável, dependendo da estratégia do fundo.
- **Objetivo**: Diversificar investimentos e buscar retornos superiores ao mercado.
- **Exemplo**: Um fundo multimercado pode alocar recursos em ações de empresas brasileiras, títulos de dívida americana e contratos futuros de petróleo.

I. **Fundos Imobiliários (FIIs)**

II. **Descrição**

III. Fundos de Investimento Imobiliário (FIIs) são veículos de investimento que reúnem recursos de diversos investidores para aplicar em ativos do setor imobiliário. Esses ativos podem incluir imóveis comerciais, residenciais, industriais, shopping centers, hospitais, hotéis, entre outros. Além disso, os FIIs podem investir em títulos imobiliários, como Certificados de Recebíveis Imobiliários (CRIs) e Letras de Crédito Imobiliário (LCIs).

IV. Os FIIs são negociados na bolsa de valores, o que proporciona liquidez aos investidores, permitindo a compra e venda de cotas de forma semelhante às ações. A gestão dos FIIs é realizada por profissionais especializados, que são responsáveis por selecionar os ativos, administrar os imóveis e distribuir os rendimentos aos cotistas.

V. **Perfil de Risco**

VI. O perfil de risco dos FIIs pode variar de moderado a alto, dependendo de vários fatores, como o tipo de imóvel, a localização, a qualidade dos inquilinos e a diversificação do portfólio. Alguns dos principais riscos associados aos FIIs incluem:

VII. Risco de Vacância: A possibilidade de os imóveis ficarem desocupados, o que pode reduzir os rendimentos distribuídos aos cotistas.

VIII. Risco de Inadimplência: O risco de os inquilinos não cumprirem com suas obrigações de pagamento de aluguel.

IX. Risco de Mercado: A variação nos preços das cotas dos FIIs, influenciada por fatores econômicos e do mercado imobiliário.

X. Risco de Liquidez: A dificuldade de vender cotas em momentos de baixa demanda no mercado.

XI. **Objetivo**

XII. O principal objetivo dos FIIs é gerar renda passiva para os investidores através da distribuição de aluguéis recebidos dos imóveis do portfólio. Além disso, os FIIs buscam a valorização dos imóveis ao longo do tempo, o que pode resultar em ganhos de capital para os cotistas. A renda gerada pelos FIIs é distribuída regularmente, geralmente de forma mensal, o que os torna uma opção atrativa para investidores que buscam fluxo de caixa constante.

XIII. **Exemplo de FII: HGLG11 - CSHG Logística**

XIV. Para ilustrar como analisar um FII, vamos considerar o HGLG11, um dos fundos imobiliários mais conhecidos no mercado brasileiro.

XV. Descrição do Fundo:

XVI. Nome: HGLG11 - CSHG Logística

XVII. Gestora: Credit Suisse Hedging-Griffo

XVIII. Segmento: Logística

XIX. Patrimônio Líquido: Aproximadamente R$ 3 bilhões

XX. Portfólio de Ativos:

XXI. O HGLG11 investe em imóveis logísticos, como galpões e centros de distribuição, localizados em regiões estratégicas do Brasil.

XXII. O portfólio inclui imóveis em São Paulo, Rio de Janeiro, Minas Gerais, Paraná, entre outros estados.

XXIII. Perfil de Risco:

XXIV. Moderado a Alto: Devido à natureza dos imóveis logísticos, que podem ser afetados por variações na demanda por espaços de armazenamento e distribuição.

XXV. Diversificação: O fundo possui um portfólio diversificado de imóveis e inquilinos, o que ajuda a mitigar riscos específicos.

XXVI. Rendimentos:

XXVII. O HGLG11 distribui rendimentos mensais aos cotistas, provenientes dos aluguéis recebidos dos imóveis.

XXVIII. Histórico de Distribuição: O fundo tem um histórico consistente de distribuição de rendimentos, o que é um indicador positivo para investidores que buscam renda passiva.

XXIX. Análise de Desempenho:

XXX. Valorização das Cotas: O preço das cotas do HGLG11 tem mostrado uma tendência de valorização ao longo dos anos, refletindo a qualidade dos ativos e a gestão eficiente.

XXXI. Taxa de Vacância: O fundo mantém uma taxa de vacância baixa, o que indica uma boa ocupação dos imóveis e estabilidade nos rendimentos.

XXXII. Gestão e Governança:

XXXIII. A gestora Credit Suisse Hedging-Griffo é renomada no mercado, com uma equipe de profissionais experientes na gestão de ativos imobiliários.

XXXIV. Transparência: O fundo oferece relatórios mensais detalhados, que incluem informações sobre o portfólio, rendimentos, vacância e perspectivas de mercado.

XXXV. Considerações ao Investir em FIIs

XXXVI. Antes de investir em FIIs, é importante considerar alguns aspectos:

XXXVII. Análise do Portfólio:

XXXVIII. Avalie os imóveis que compõem o portfólio do fundo, incluindo localização, tipo de imóvel, qualidade dos inquilinos e diversificação.

XXXIX. Exemplo: Um fundo com imóveis bem localizados em regiões com alta demanda tende a ter um desempenho mais estável.

XL. Histórico de Rendimentos:

XLI. Verifique o histórico de distribuição de rendimentos do fundo para avaliar sua consistência e previsibilidade.

XLII. Exemplo: Fundos com histórico de rendimentos estáveis são mais atrativos para investidores que buscam renda passiva.

XLIII. Taxa de Administração e Performance:

XLIV. Considere as taxas cobradas pelo fundo, pois elas podem impactar os retornos líquidos.

XLV. Exemplo: Fundos com taxas de administração mais baixas tendem a oferecer melhores retornos líquidos aos cotistas.

XLVI. Liquidez:

XLVII. Avalie a liquidez das cotas do fundo, especialmente se você precisar vender suas cotas rapidamente.

XLVIII. Exemplo: Fundos com maior volume de negociação na bolsa oferecem maior liquidez.

XLIX. Perspectivas do Mercado Imobiliário:

L. Considere as tendências e perspectivas do mercado imobiliário, que podem impactar o desempenho dos FIIs.

LI. Exemplo: Em períodos de crescimento econômico, a demanda por imóveis comerciais e logísticos tende a aumentar, beneficiando os FIIs desses segmentos.

✓ **Fundos de Índice (ETFs):**

- **Descrição**: Replicam a performance de um índice de mercado, como o Ibovespa ou o S&P 500.

- **Perfil de Risco**: Variável, conforme o índice replicado.

- **Objetivo**: Oferecer uma forma simples e eficiente de investir em um conjunto diversificado de ativos.
- **Exemplo**: Um ETF que replica o Ibovespa investe nas principais ações listadas na B3.
- **Vantagens dos Fundos de Investimento**
- Investir em fundos de investimento oferece várias vantagens, incluindo:
- **Diversificação**:
- **Descrição**: Ao investir em um fundo, o investidor adquire uma participação em um portfólio diversificado de ativos, o que reduz o risco específico de cada ativo.
- **Benefício**: A diversificação ajuda a mitigar os riscos associados a investimentos individuais, proporcionando uma maior segurança ao investidor.
- **Gestão Profissional**:

- **Descrição**: Os fundos são geridos por profissionais experientes, que utilizam análises detalhadas e estratégias sofisticadas para tomar decisões de investimento.

- **Benefício**: A gestão profissional aumenta as chances de obter retornos consistentes e superiores ao mercado.

- **Acessibilidade**:

- **Descrição**: Muitos fundos de investimento permitem aplicações iniciais a partir de pequenas quantias, tornando-os acessíveis a um amplo público.

- **Benefício**: Investidores com diferentes níveis de capital podem participar de fundos e se beneficiar da diversificação e da gestão profissional.

- **Liquidez**:

- **Descrição**: A maioria dos fundos de investimento oferece liquidez diária ou periódica, permitindo que os investidores resgatem suas cotas conforme necessário.

- **Benefício**: A liquidez facilita o acesso aos recursos investidos, proporcionando flexibilidade financeira.

✓ **Considerações ao Investir em Fundos**

- Antes de investir em fundos de investimento, é importante considerar alguns fatores:

- **Perfil de Risco**:

- **Descrição**: Avalie seu perfil de risco e escolha fundos que estejam alinhados com sua tolerância ao risco e objetivos financeiros.

- **Exemplo**: Investidores conservadores podem preferir fundos de renda fixa, enquanto investidores arrojados podem optar por fundos de ações.

- **Taxas e Custos**:

- **Descrição**: Verifique as taxas de administração e performance cobradas pelos fundos, pois elas podem impactar significativamente os retornos líquidos.

- **Exemplo**: Um fundo com altas taxas de administração pode reduzir os ganhos do investidor, mesmo que o fundo tenha um bom desempenho.

- **Histórico de Desempenho**:

- **Descrição**: Analise o histórico de desempenho do fundo e compare-o com benchmarks e fundos semelhantes.

- **Exemplo**: Um fundo que consistentemente supera seu benchmark pode ser uma boa opção de investimento.

- **Transparência e Governança**:

- **Descrição**: Escolha fundos que ofereçam transparência nas informações e tenham uma boa governança.

- **Exemplo**: Fundos que divulgam regularmente suas posições e estratégias proporcionam maior confiança aos investidores.

- **Ações Fracionárias**: Algumas corretoras permitem que você compre ações fracionárias, o que significa que você pode comprar uma fração de uma ação em vez de uma ação inteira. Isso permite que você invista em empresas de alto valor, como Vale ou Petrobras, com quantias menores de dinheiro.

4. **Automatize Seus Investimentos**: Automatizar seus investimentos é uma maneira eficaz de garantir que você continue investindo regularmente, independentemente das flutuações do mercado. Muitas corretoras e aplicativos de investimento permitem que você configure transferências automáticas de sua conta bancária para sua conta de investimento. Isso ajuda a manter a disciplina e a construir seu portfólio ao longo do tempo.

5. **Eduque-se Continuamente**: O mundo dos investimentos está em constante evolução, e é

importante continuar aprendendo. Existem muitos recursos disponíveis, como livros, blogs, podcasts e cursos online, que podem ajudá-lo a expandir seu conhecimento sobre investimentos. Quanto mais você souber, mais confiante se sentirá ao tomar decisões de investimento.

Identificando Oportunidades de Investimento Acessíveis

Identificar oportunidades de investimento acessíveis é crucial para iniciantes que estão começando com pouco dinheiro no Brasil. Aqui estão algumas dicas para ajudá-lo a encontrar essas oportunidades:

1. **Pesquise e Compare Corretoras**: Nem todas as corretoras são iguais, e algumas são mais adequadas para iniciantes do que outras. Procure corretoras que ofereçam contas sem taxa mínima de abertura, comissões baixas ou zero e acesso a uma ampla gama de produtos de investimento. Algumas corretoras populares no Brasil incluem XP Investimentos, Rico, Clear e ModalMais.

2. **Aproveite os Aplicativos de Microinvestimento**: Aplicativos de microinvestimento, como o Warren e o Kinvo, permitem que você invista pequenas quantias de dinheiro regularmente. Esses aplicativos geralmente arredondam suas compras diárias para o real mais próximo e investem a diferença em um portfólio diversificado. Isso facilita o início do investimento, mesmo com quantias muito pequenas.

    3. **Invista em Fundos de Índice e ETFs**: Investir em fundos de índice e ETFs (Exchange-Traded Funds) é uma estratégia inteligente e acessível para iniciantes que desejam diversificar seus investimentos sem a complexidade de selecionar ações individuais. Esses instrumentos financeiros oferecem uma série de vantagens que podem proporcionar segurança e crescimento ao seu portfólio.

➢ **O Que São Fundos de Índice e ETFs?**

➤ Fundos de índice são fundos de investimento que replicam a composição de um índice específico do mercado, como o Ibovespa no Brasil ou o S&P 500 nos Estados Unidos. Eles são projetados para igualar o desempenho do índice que seguem, proporcionando aos investidores uma maneira simples e eficiente de obter exposição a um amplo conjunto de ações.

➤ ETFs, por outro lado, são fundos de índice que são negociados em bolsas de valores, assim como ações individuais. Isso significa que você pode comprar e vender ETFs ao longo do dia, aproveitando a flexibilidade e a liquidez que eles oferecem.

➤ **Vantagens dos Fundos de Índice e ETFs**

➤ **Diversificação Instantânea**: Uma das maiores vantagens de investir em fundos de índice e ETFs é a diversificação instantânea. Ao comprar um único ETF que rastreia um índice amplo, você está investindo em todas as empresas que compõem esse índice. Isso reduz o risco associado a investir em uma única empresa, pois o desempenho do fundo é distribuído entre várias empresas.

- **Baixo Custo**: Fundos de índice e ETFs geralmente têm taxas de administração mais baixas em comparação com fundos de investimento geridos ativamente. Isso ocorre porque eles simplesmente replicam a composição de um índice, sem a necessidade de gestores ativos que tomam decisões de compra e venda. Menores custos de administração significam que uma maior parte dos seus retornos permanece com você.

- **Facilidade de Acesso**: ETFs são negociados em bolsas de valores, o que significa que você pode comprá-los e vendê-los facilmente através de uma corretora, assim como faria com ações individuais. Isso proporciona uma grande flexibilidade e conveniência para os investidores.

- **Transparência**: A composição dos fundos de índice e ETFs é geralmente divulgada publicamente, permitindo que você saiba exatamente em quais ativos está investindo.

Essa transparência ajuda a tomar decisões informadas e a monitorar seu portfólio com mais eficácia.

- **Desempenho Consistente**: Como os fundos de índice e ETFs são projetados para replicar o desempenho de um índice, eles tendem a oferecer retornos consistentes que refletem o mercado como um todo. Embora isso signifique que você não superará o mercado, também significa que você não correrá o risco de um desempenho significativamente inferior ao mercado.

- **Como Escolher Fundos de Índice e ETFs**

- **Identifique Seu Objetivo de Investimento**: Antes de investir, é importante definir seus objetivos financeiros. Você está investindo para a aposentadoria, para a educação dos filhos ou para outra meta de longo prazo? Seus objetivos ajudarão a determinar quais ETFs são mais adequados para você.

- **Escolha o Índice Certo**: Existem muitos índices diferentes que você pode escolher para investir. Por exemplo, se você deseja exposição ao mercado brasileiro, pode considerar um ETF que rastreia o Ibovespa. Se você deseja diversificação global, pode optar por um ETF que rastreia um índice internacional, como o MSCI World.

- **Considere as Taxas de Administração**: Embora os ETFs geralmente tenham taxas de administração baixas, essas taxas podem variar entre diferentes fundos. Certifique-se de comparar as taxas e escolher um ETF que ofereça um bom equilíbrio entre custo e desempenho.

- **Verifique a Liquidez**: A liquidez de um ETF refere-se à facilidade com que ele pode ser comprado ou vendido no mercado. ETFs com maior volume de negociação tendem a ser mais líquidos, o que pode ser importante se você precisar acessar seu dinheiro rapidamente.

➢ **Avalie o Histórico de Desempenho**: Embora o desempenho passado não garanta resultados futuros, revisar o histórico de desempenho de um ETF pode fornecer insights sobre sua consistência e volatilidade.

4 **Considere Investimentos Automatizados**: Plataformas de investimento automatizado, também conhecidas como robo-advisors, são uma excelente opção para iniciantes. Essas plataformas, como o Warren e o Magnetis, usam algoritmos para criar e gerenciar um portfólio diversificado com base em suas metas financeiras e tolerância ao risco. Eles geralmente cobram taxas mais baixas do que os consultores financeiros tradicionais e oferecem uma maneira conveniente de começar a investir.

5 **Participe de Planos de Previdência Privada**: Se a sua empresa oferece um plano de previdência

privada, aproveite essa oportunidade. Muitos empregadores oferecem contribuições correspondentes, o que é essencialmente dinheiro grátis. Contribuir para um plano de previdência privada é uma maneira eficaz de começar a investir e aproveitar os benefícios fiscais.

Evitando Erros Comuns de Iniciantes

Investir pode ser intimidante, e é fácil cometer erros, especialmente quando você está começando. Aqui estão alguns erros comuns que os iniciantes devem evitar:

1. **Não Diversificar**: Um dos erros mais comuns que os iniciantes cometem é não diversificar seus investimentos. Colocar todo o seu dinheiro em uma única ação ou setor pode ser arriscado. Diversificar seu portfólio ajuda a espalhar o risco e aumentar a probabilidade de retornos estáveis.

2. **Tentar Cronometrar o Mercado**: Tentar prever os altos e baixos do mercado é uma estratégia arriscada e muitas vezes ineficaz. Em vez disso, concentre-se em investir regularmente

e manter uma perspectiva de longo prazo. O investimento sistemático, como o método de custo médio do real, pode ajudar a mitigar o impacto da volatilidade do mercado.

3. **Ignorar Taxas e Custos**: As taxas e custos de investimento podem corroer seus retornos ao longo do tempo. Certifique-se de entender todas as taxas associadas aos seus investimentos, incluindo comissões de corretagem, taxas de administração de fundos e taxas de consultoria. Escolha investimentos de baixo custo sempre que possível.

4. **Tomar Decisões Emocionais**: O mercado de ações pode ser volátil, e é fácil deixar que as emoções influenciem suas decisões de investimento. Evite tomar decisões impulsivas com base em medo ou ganância. Mantenha-se fiel ao seu plano de investimento e lembre-se de que o investimento é uma maratona, não uma corrida.

5. **Não Reavaliar e Rebalancear o Portfólio**: À medida que o mercado flutua, a composição do

seu portfólio pode mudar. É importante reavaliar e rebalancear seu portfólio regularmente para garantir que ele permaneça alinhado com suas metas financeiras e tolerância ao risco. Isso pode envolver vender ativos que se valorizaram e comprar ativos que se desvalorizaram para manter sua alocação de ativos desejada.

Plataformas de Investimento

Existem muitas plataformas e aplicativos que facilitam o investimento para iniciantes no Brasil. A seguir, discutiremos algumas das melhores opções, suas características e benefícios, bem como avaliações e comparações para ajudá-lo a escolher a melhor plataforma para suas necessidades.

Corretoras Online

1. **XP Investimentos**:
    - **Características**: A XP Investimentos é uma das maiores corretoras do Brasil, oferecendo uma ampla gama de produtos de investimento, incluindo ações, fundos de investimento, títulos públicos e

privados, e previdência privada. A plataforma também oferece recursos educacionais e ferramentas de pesquisa.

- **Benefícios**: Acesso a uma ampla gama de produtos de investimento, recursos educacionais abrangentes, suporte ao cliente de alta qualidade.

- **Avaliação**: A XP Investimentos é uma excelente opção para iniciantes que desejam acesso a uma ampla gama de produtos de investimento e suporte ao cliente de alta qualidade. A plataforma é conhecida por sua confiabilidade e recursos educacionais abrangentes.

2. **Rico**:

    - **Características**: A Rico é uma corretora online que oferece uma ampla gama de produtos de investimento, incluindo ações, fundos de investimento, títulos públicos e privados, e previdência privada. A plataforma também oferece recursos educacionais e ferramentas de pesquisa.

- **Benefícios**: Acesso a uma ampla gama de produtos de investimento, recursos educacionais abrangentes, suporte ao cliente de alta qualidade.

- **Avaliação**: A Rico é uma excelente opção para iniciantes que desejam acesso a uma ampla gama de produtos de investimento e suporte ao cliente de alta qualidade. A plataforma é conhecida por sua confiabilidade e recursos educacionais abrangentes.

3. **Clear**:
    - **Características**: A Clear é uma corretora online que oferece negociação de ações, opções e futuros sem comissões. A plataforma é conhecida por sua interface amigável e fácil de usar, o que a torna ideal para iniciantes.

- **Benefícios**: Sem comissões de negociação, interface intuitiva, acesso a uma ampla gama de produtos de investimento.

- **Avaliação**: A Clear é uma excelente opção para iniciantes que desejam começar a investir com pouco dinheiro e sem pagar comissões. No entanto, a plataforma tem sido criticada por sua falta de recursos educacionais e suporte ao cliente limitado.

4. **ModalMais**:

    - **Características**: A ModalMais é uma corretora online que oferece uma ampla gama de produtos de investimento, incluindo ações, fundos de investimento, títulos públicos e privados, e previdência privada. A plataforma também oferece recursos educacionais e ferramentas de pesquisa.

    - **Benefícios**: Acesso a uma ampla gama de produtos de investimento, recursos educacionais abrangentes, suporte ao cliente de alta qualidade.

- **Avaliação**: A ModalMais é uma excelente opção para iniciantes que desejam acesso a uma ampla gama de produtos de investimento e suporte ao cliente de alta qualidade. A plataforma é conhecida por sua confiabilidade e recursos educacionais abrangentes.

Aplicativos de Microinvestimento

1. **Warren**:
   - **Características**: O Warren é um aplicativo de microinvestimento que permite que você invista pequenas quantias de dinheiro regularmente. O aplicativo cria e gerencia um portfólio diversificado com base em suas metas financeiras e tolerância ao risco.
   - **Benefícios**: Investimento automatizado, portfólio diversificado, contas de aposentadoria.

- **Avaliação**: O Warren é uma excelente opção para iniciantes que desejam começar a investir com pequenas quantias de dinheiro. O aplicativo facilita o investimento automatizado e oferece uma maneira conveniente de construir um portfólio diversificado.

2. **Kinvo**:
    - **Características**: O Kinvo é um aplicativo de microinvestimento que permite que você invista pequenas quantias de dinheiro regularmente. O aplicativo oferece recursos educacionais e ferramentas de planejamento financeiro.
    - **Benefícios**: Investimento em ações fracionárias, recursos educacionais, ferramentas de planejamento financeiro.
    - **Avaliação**: O Kinvo é uma excelente opção para iniciantes que desejam investir em ações fracionárias e ETFs com pequenas quantias de dinheiro. O aplicativo oferece recursos educacionais

úteis e ferramentas de planejamento financeiro para ajudar os investidores a tomar decisões informadas.

3. **Magnetis**:
    - **Características**: O Magnetis é uma plataforma de investimento automatizado (robo-advisor) que cria e gerencia um portfólio diversificado com base em suas metas financeiras e tolerância ao risco. A plataforma também oferece contas de aposentadoria.

    - **Benefícios**: Investimento automatizado, portfólio diversificado, contas de aposentadoria.

    - **Avaliação**: O Magnetis é uma excelente opção para iniciantes que desejam uma abordagem automatizada para investir. A plataforma facilita a criação e o gerenciamento de um portfólio diversificado e oferece uma maneira conveniente de alcançar suas metas financeiras.

Comparação de Plataformas de Investimento

A seguir, apresentamos uma comparação das principais plataformas de investimento para iniciantes no Brasil, com base em suas características, benefícios e avaliações:

PLATAFORMA	CARACTERÍSTICAS	BENEFÍCIOS	AVALIAÇÃO
XP Investimentos	Ampla gama de produtos, recursos educacionais	Acesso a muitos produtos, suporte ao cliente de alta qualidade	Excelente para iniciantes que desejam suporte ao cliente de alta qualidade
Rico	Ampla gama de produtos,	Acesso a muitos produtos, suporte ao que	Excelente para iniciantes

PLATAFORMA	CARACTERÍSTICAS	BENEFÍCIOS	AVALIAÇÃO
	recursos educacionais	cliente de alta qualidade	desejam suporte ao cliente de alta qualidade
Clear	Negociação sem comissões, interface amigável	Sem comissões, interface intuitiva	Excelente para iniciantes, mas falta de recursos educacionais e suporte ao cliente limitado
ModalMais	Ampla gama de produtos,	Acesso a muitos produtos,	Excelente para iniciantes

PLATAFORMA	CARACTERÍSTICAS	BENEFÍCIOS	AVALIAÇÃO
	recursos educacionais	suporte ao cliente de alta qualidade	que desejam suporte ao cliente de alta qualidade
Warren	Investimento automatizado, portfólio diversificado	Excelente para iniciantes Investimento automatizado, contas de aposentadoria	que desejam começar a investir com pequenas quantias
Kinvo	Investimento em ações fracionárias,	Investimento em ações fracionárias	Excelente para iniciantes

PLATAFORMA	CARACTERÍSTICAS	BENEFÍCIOS	AVALIAÇÃO
	recursos educacionais	, ferramentas de planejamento financeiro	que desejam investir em ações fracionárias e ETFs
Magnetis	Investimento automatizado, portfólio diversificado	Investimento automatizado, contas de aposentadoria	Excelente para iniciantes que desejam uma abordagem automatizada para investir

Conclusão

Investir pode parecer intimidante para iniciantes, especialmente quando se começa com pouco dinheiro. No entanto, com as estratégias certas e o uso de plataformas de investimento acessíveis, qualquer pessoa pode começar a investir e construir um portfólio sólido ao longo do tempo. Este capítulo forneceu orientações detalhadas sobre como começar a investir com pouco dinheiro no Brasil, identificar oportunidades de investimento acessíveis e evitar erros comuns de iniciantes. Além disso, discutimos as melhores plataformas e aplicativos que facilitam o investimento para iniciantes no mercado brasileiro, ajudando você a escolher a melhor opção para suas necessidades. Com uma abordagem disciplinada e educada, você pode alcançar suas metas financeiras e construir riqueza ao longo do tempo.

Capítulo 8: Investimentos Avançados

Investir de forma avançada requer um entendimento mais profundo das técnicas de análise e das estratégias de investimento. Este capítulo abordará dois métodos principais de avaliação de ações e outros ativos: a análise fundamentalista e a análise técnica. Além disso, discutiremos diferentes estratégias de investimento, como investimento em valor, crescimento e dividendos, explicando como cada uma funciona e suas vantagens e desvantagens. Usaremos exemplos e gráficos para ilustrar esses métodos e estratégias, ajudando você a tomar decisões de investimento mais informadas.

Introdução: A Diferença Crucial entre Preço e Valor

Para compreender a diferença crucial entre preço e valor, algo intrínseco para quem deseja investir, é necessário abordar as diferentes visões das escolas de investimento. A confusão entre preço e valor pode levar pessoas inteligentes a tomar decisões financeiras equivocadas. Simplificando, o valor é o que realmente vale um bem ou serviço, enquanto o preço é o quanto se paga por ele. Warren Buffet, um dos maiores investidores do mundo, definiu o preço como o que se paga e o valor como o que se leva.

Imagine uma situação hostil, como um assalto, onde você fica apenas com um relógio que custou R$ 1.000 na época da compra. Sem carteira, dinheiro ou celular, você decide trocar o relógio por uma corrida de táxi que custa R$ 15. Nesse momento, o relógio vale os R$ 1.000 pagos, mas seu valor real é muito menor devido à situação de emergência. Esse exemplo ilustra como o preço de aquisição de um bem pode diferir drasticamente de seu valor em situações específicas.

Investidor vs. Especulador

É importante reforçar que investidores e especuladores são duas classes distintas de pessoas que aportam no mercado financeiro. Entre os investidores, existem diferentes escolas de análise de ações, sendo as duas principais: Value Investing e Buy and Hold. Ambas têm uma visão de longo prazo e podem ser utilizadas de forma complementar, adequando seus ensinamentos a cada tipo de investimento e momento do mercado.

Value Investing

O Value Investing é uma abordagem seguida por grandes investidores como Warren Buffet e seu mentor, Benjamin Graham. Essa escola de investimento se baseia na ideia de que o mercado muitas vezes confunde preço com valor, não precificando as ações corretamente. Os value investors tentam encontrar assimetrias de mercado e comprar boas ações por preços inferiores ao que realmente valem.

Os principais indicadores utilizados no Value Investing são referentes ao preço da ação, como o P/VP (Preço por Valor Patrimonial) e o P/L (Preço por Lucro). O P/VP consiste em dividir o preço de uma ação pelo valor de seu patrimônio. Benjamin Graham dizia que um bom investimento seria aquele cujo P/VP fosse menor que 1 ou um pouco acima disso.

Warren Buffet costumava dizer que o ideal era comprar empresas ruins por preços excelentes. Ele usava o termo "charutos já fumados" para descrever ações que, mesmo já estando fumadas, ainda poderiam render mais uma tragada. Atualmente, Buffet mudou sua perspectiva e agora procura empresas excelentes por bons preços, em vez de empresas ruins por preços excelentes. Na Bolsa de Valores, os preços são formados com base na oferta e demanda, permitindo encontrar assimetrias e boas empresas com preços impressionantes.

Buy and Hold

A escola de investimentos Buy and Hold parte da premissa de que o mercado já precificou todos os itens de forma eficiente. Os investidores que utilizam este método acreditam que, com milhões de investidores analisando os números diariamente, é improvável descobrir algo novo por conta própria. Alguns radicais dessa teoria são tão crentes na precificação exata do mercado que nem mesmo durante crises admitem que podem ocorrer assimetrias nos preços.

A principal filosofia do Buy and Hold é comprar uma ação e mantê-la. Um holder só vende suas ações se os fundamentos da empresa se modificarem. Fora isso, não há exceções. O lucro vem apenas dos dividendos. Um dos grandes ícones dessa filosofia é o bilionário Luiz Barsi Filho, o maior investidor pessoa física do Brasil.

Para os holders, só interessa comprar empresas lucrativas. Quanto mais antiga for a empresa, melhor é a avaliação. Eles não se preocupam necessariamente com o valor pago pelas ações, mas sim com a consistência dos lucros ao longo do tempo. Não costumam trabalhar com reservas de oportunidades e não interrompem os aportes mesmo durante crises. Na visão deles, esperar quase sempre é mais vantajoso do que vender.

Comparação entre Value Investing e Buy and Hold

Ambas as escolas de investimento têm excelentes resultados. Luiz Barsi, por exemplo, alega não precisar de uma reserva de oportunidade, pois recebe milhões apenas em dividendos. Contudo, a maioria das pessoas não conta com recebimentos similares, tornando a reserva de oportunidade absolutamente importante. É sensato tentar condensar os ideais das duas escolas, mantendo uma reserva de oportunidades para aproveitar crises e comprar ações abaixo do preço justo.

Empresas de tecnologia, como Facebook, Whatsapp e Uber, são exemplos de empresas que começaram dando prejuízo, mas que, depois de um tempo, conseguiram crescer ou apresentar projeções de crescimento. Um Buy and Hold clássico nunca investiria nessas empresas vistas como "potenciais".

Critérios Fundamentais para Escolher Empresas

Para investir com sucesso, é crucial escolher empresas com base em critérios fundamentais, como:

- **Competitividade**: Escolher empresas que sejam líderes em seus setores.
- **Lucratividade**: Aportar em empresas lucrativas.
- **Dívidas**: Investir em empresas sem dívidas ou com dívidas controladas.
- **Preço Justo**: Escolher empresas que não estejam sendo negociadas muito acima do valor justo.

- **ROE (Return on Equity)**: Verificar se o retorno sobre o patrimônio líquido da empresa é bom.

- **Margens Líquidas**: Buscar companhias com margens líquidas coerentes e positivas.

Simulação de Investimentos

Para ilustrar a importância de uma análise detalhista e diversificação, vamos fazer uma simulação de um investimento de R$ 10 mil em 10 empresas diferentes. Imaginemos que a empresa G faliu, fazendo você perder todo o seu dinheiro. Já a empresa I perdeu metade de seu valor (R$ 5 mil), mesmo com os dividendos do período. Contudo, temos a empresa J que se valorizou 40%, a H, 56%, a empresa A, 113% e a B, 433%. C se expandiu em 2700% e a D em incríveis 3500%. A E teve valorização de 87% e a F de 200%. No balanço geral dos investimentos, o ganho total no período foi de R$ 777.600,00.

Essa simulação mostra que, mesmo com empresas que perderam valor ou faliram, a evolução patrimonial é inegável. Na simulação, foram considerados apenas aportes únicos, sem novos acréscimos ao longo do tempo, contando apenas com o trabalho dos juros compostos.

Análise Fundamentalista e Técnica

Análise Fundamentalista

A análise fundamentalista é uma abordagem abrangente e detalhada que visa avaliar o valor intrínseco de um ativo, considerando uma ampla gama de fatores econômicos, financeiros, qualitativos e quantitativos. O objetivo principal é determinar se um ativo está subvalorizado ou sobrevalorizado em relação ao seu preço de mercado atual, fornecendo uma base sólida para decisões de investimento informadas. A seguir, exploramos os principais componentes da análise fundamentalista em maior profundidade.

1. Análise de Demonstrações Financeiras

As demonstrações financeiras são a base da análise fundamentalista, fornecendo uma visão detalhada da saúde financeira e do desempenho de uma empresa. As principais demonstrações financeiras incluem:

Balanço Patrimonial

O balanço patrimonial oferece uma visão geral dos ativos, passivos e patrimônio líquido de uma empresa em um determinado momento. Ele é dividido em três seções principais:

- **Ativos**: Incluem ativos circulantes (como caixa, contas a receber e estoques) e ativos não circulantes (como propriedades, plantas e equipamentos).

- **Passivos**: Incluem passivos circulantes (como contas a pagar e dívidas de curto prazo) e passivos não circulantes (como dívidas de longo prazo).

- **Patrimônio Líquido**: Representa a diferença entre os ativos e os passivos, refletindo o valor residual pertencente aos acionistas.

Exemplo de Análise: Ao analisar o balanço patrimonial de uma empresa como a Ambev (ABEV3), um investidor pode observar a proporção de ativos circulantes em relação aos passivos circulantes para avaliar a liquidez da empresa. Além disso, a análise da dívida de longo prazo em relação ao patrimônio líquido pode fornecer insights sobre a alavancagem financeira da empresa.

Demonstração de Resultados

A demonstração de resultados, também conhecida como demonstração de lucros e perdas, mostra as receitas, despesas e lucros de uma empresa ao longo de um período. Ela é dividida em várias seções:

- **Receitas**: Incluem as vendas de produtos e serviços.

- **Custos dos Produtos Vendidos (CPV)**: Incluem os custos diretos associados à produção dos bens vendidos.

- **Despesas Operacionais**: Incluem despesas de vendas, gerais e administrativas.

- **Lucro Operacional**: Calculado subtraindo as despesas operacionais das receitas.

- **Lucro Líquido**: O lucro final após a dedução de todas as despesas, incluindo impostos e juros.

Exemplo de Análise: Ao analisar a demonstração de resultados da Petrobras (PETR4), um investidor pode observar a margem de lucro operacional para avaliar a eficiência da empresa em controlar seus custos. A análise do crescimento das receitas ao longo do tempo também pode fornecer insights sobre a demanda por produtos e serviços da empresa.

Demonstração de Fluxo de Caixa

A demonstração de fluxo de caixa mostra as entradas e saídas de caixa de uma empresa, divididas em três categorias principais:

- **Atividades Operacionais**: Incluem fluxos de caixa gerados pelas operações principais da empresa.

- **Atividades de Investimento**: Incluem fluxos de caixa relacionados à compra e venda de ativos de longo prazo.

- **Atividades de Financiamento**: Incluem fluxos de caixa relacionados a empréstimos, emissão de ações e pagamento de dividendos.

Exemplo de Análise: Ao analisar a demonstração de fluxo de caixa da Magazine Luiza (MGLU3), um investidor pode observar a capacidade da empresa de gerar caixa a partir de suas operações principais. A análise das atividades de investimento pode fornecer insights sobre os planos de expansão da empresa, enquanto as atividades de financiamento podem revelar a estratégia de capital da empresa.

2. Indicadores Financeiros

Os indicadores financeiros são métricas essenciais na análise fundamentalista, fornecendo uma visão quantitativa do desempenho e da saúde financeira de uma empresa. Alguns dos principais indicadores incluem:

P/L (Preço/Lucro)

O índice P/L é calculado dividindo o preço da ação pelo lucro por ação (LPA). Ele ajuda a avaliar se uma ação está cara ou barata em relação aos seus lucros.

Exemplo de Análise: Se o P/L da Vale (VALE3) for significativamente menor do que o P/L médio do setor de mineração, isso pode indicar que a ação está subvalorizada em relação aos seus lucros.

P/VPA (Preço/Valor Patrimonial por Ação)

O índice P/VPA é calculado dividindo o preço da ação pelo valor patrimonial por ação (VPA). Ele ajuda a avaliar se uma ação está cara ou barata em relação ao seu valor contábil.

Exemplo de Análise: Se o P/VPA do Banco do Brasil (BBAS3) for menor do que 1, isso pode indicar que a ação está sendo negociada abaixo do valor contábil da empresa, potencialmente representando uma oportunidade de compra.

ROE (Retorno sobre o Patrimônio)

O ROE é calculado dividindo o lucro líquido pelo patrimônio líquido. Ele ajuda a avaliar a eficiência da empresa em gerar lucros a partir do capital dos acionistas.

Exemplo de Análise: Um ROE elevado para a empresa Weg (WEGE3) pode indicar uma gestão eficiente e uma boa capacidade de gerar retornos para os acionistas.

ROA (Retorno sobre Ativos)

O ROA é calculado dividindo o lucro líquido pelos ativos totais. Ele ajuda a avaliar a eficiência da empresa em gerar lucros a partir de seus ativos.

Exemplo de Análise: Um ROA elevado para a empresa Natura (NTCO3) pode indicar uma utilização eficiente dos ativos da empresa para gerar lucros.

3. Análise Setorial e Macroeconômica

A análise setorial e macroeconômica fornece um contexto mais amplo para a avaliação de uma empresa, considerando fatores externos que podem impactar seu desempenho.

Análise Setorial

A análise setorial envolve a avaliação do desempenho e das perspectivas do setor em que a empresa opera. Isso inclui analisar a concorrência, a demanda do mercado e as tendências do setor.

Exemplo de Análise: Ao analisar o setor de tecnologia, um investidor pode observar o crescimento da demanda por serviços de nuvem e inteligência artificial, identificando empresas como a Totvs (TOTS3) que estão bem posicionadas para se beneficiar dessas tendências.

Análise Macroeconômica

A análise macroeconômica envolve a avaliação do impacto de fatores macroeconômicos, como taxas de juros, inflação, crescimento econômico e políticas governamentais, no desempenho da empresa.

Exemplo de Análise: Em um ambiente de taxas de juros em queda, empresas do setor de construção civil, como a MRV (MRVE3), podem se beneficiar de custos de financiamento mais baixos e aumento na demanda por imóveis.

4. Valuation (Avaliação de Valor)

A valuation é o processo de determinar o valor intrínseco de uma empresa, utilizando diferentes métodos de avaliação.

Fluxo de Caixa Descontado (DCF)

O método DCF estima o valor intrínseco de uma empresa com base nos fluxos de caixa futuros projetados, descontados a uma taxa de desconto apropriada. Ele ajuda a determinar se uma ação está subvalorizada ou sobrevalorizada.

Exemplo de Análise: Ao realizar uma análise DCF para a empresa Ambev (ABEV3), um investidor pode projetar os fluxos de caixa futuros com base no histórico de crescimento das receitas e margens de lucro, descontando esses fluxos a uma taxa que reflita o risco do investimento.

Múltiplos de Mercado

A comparação dos múltiplos de mercado (como P/L, P/VPA, EV/EBITDA) de uma empresa com os de empresas semelhantes no mesmo setor ajuda a avaliar se a empresa está sendo negociada a um preço justo em relação aos seus pares.

Exemplo de Análise: Comparar o EV/EBITDA da empresa Lojas Renner (LREN3) com o de outras empresas do setor de varejo pode fornecer insights sobre se a ação está subvalorizada ou sobrevalorizada em relação aos seus concorrentes.

Análise Técnica

A análise técnica é uma abordagem que avalia o comportamento dos preços e volumes de negociação de um ativo, utilizando gráficos e indicadores técnicos. O objetivo é identificar padrões e tendências que possam prever movimentos futuros dos preços. Aqui estão os principais componentes da análise técnica:

1. **Gráficos de Preços**:

    - **Gráfico de Linhas**: Mostra o preço de fechamento de um ativo ao longo do tempo. É útil para identificar tendências gerais.

    - **Gráfico de Barras**: Mostra o preço de abertura, fechamento, máxima e mínima de um ativo em um determinado período. É útil para analisar a volatilidade e a força dos movimentos de preços.

    - **Gráfico de Candlestick**: Similar ao gráfico de barras, mas com uma representação visual mais clara das variações de preços. É amplamente utilizado para identificar padrões de reversão e continuação.

2. **Indicadores Técnicos**:

- **Médias Móveis**: As médias móveis suavizam os dados de preços para identificar tendências. As médias móveis simples (SMA) e exponenciais (EMA) são as mais comuns.

- **Índice de Força Relativa (RSI)**: O RSI mede a velocidade e a mudança dos movimentos de preços. Um RSI acima de 70 indica que um ativo está sobrecomprado, enquanto um RSI abaixo de 30 indica que está sobrevendido.

- **MACD (Moving Average Convergence Divergence)**: O MACD é um indicador de tendência que mostra a relação entre duas médias móveis. Ele ajuda a identificar mudanças na direção e na força da tendência.

- **Bandas de Bollinger**: As bandas de Bollinger consistem em uma média móvel e duas linhas de desvio padrão acima e abaixo dela. Elas ajudam a identificar níveis de sobrecompra e sobrevenda.

3. **Padrões Gráficos**:

    - **Padrões de Continuação**: Padrões como bandeiras, flâmulas e triângulos indicam que a tendência atual provavelmente continuará.

    - **Padrões de Reversão**: Padrões como cabeça e ombros, duplo topo e duplo fundo indicam que a tendência atual provavelmente reverterá.

4. **Volume de Negociação**:

    - **Análise de Volume**: O volume de negociação é um indicador importante da força de uma tendência. Um aumento no volume confirma a força da tendência, enquanto uma diminuição no volume pode indicar uma reversão iminente.

Exemplos e Gráficos

Para ilustrar os métodos de análise fundamentalista e técnica, vamos usar exemplos práticos e gráficos.

Exemplo de Análise Fundamentalista: Vamos considerar a empresa fictícia "ABC S.A.".

- **Balanço Patrimonial**:
    - Ativos Totais: R$ 1.000.000
    - Passivos Totais: R$ 500.000
    - Patrimônio Líquido: R$ 500.000
- **Demonstração de Resultados**:
    - Receita Líquida: R$ 800.000
    - Custo das Mercadorias Vendidas: R$ 400.000
    - Lucro Bruto: R$ 400.000
    - Despesas Operacionais: R$ 200.000
    - Lucro Operacional: R$ 200.000
    - Lucro Líquido: R$ 150.000
- **Indicadores Financeiros**:
    - P/L: 10 (Preço da Ação: R$ 15,00, LPA: R$ 1,50)

- P/VPA: 1,5 (Preço da Ação: R$ 15,00, VPA: R$ 10,00)

- ROE: 30% (Lucro Líquido: R$ 150.000, Patrimônio Líquido: R$ 500.000)

- ROA: 15% (Lucro Líquido: R$ 150.000, Ativos Totais: R$ 1.000.000)

Exemplo de Análise Técnica: Vamos considerar o gráfico de preços da empresa fictícia "XYZ S.A.".

- **Gráfico de Candlestick**:

- **Indicadores Técnicos**:
  - SMA de 50 dias: R$ 20,00
  - SMA de 200 dias: R$ 18,00

- RSI: 65
- MACD: Linha MACD (12,26,9) cruzando acima da linha de sinal

- **Padrões Gráficos**:
  - Triângulo Ascendente: Indica uma possível continuação da tendência de alta.

Estratégias de Investimento

Investimento em Valor

O investimento em valor é uma estratégia que envolve a compra de ações que estão subvalorizadas em relação ao seu valor intrínseco. Os investidores em valor acreditam que o mercado eventualmente reconhecerá o verdadeiro valor dessas ações, resultando em um aumento de preço. Esta abordagem foi popularizada por investidores renomados como Benjamin Graham e Warren Buffett, que demonstraram consistentemente que é possível obter retornos superiores ao mercado através da identificação e compra de ações subvalorizadas. A seguir, exploramos os principais componentes do investimento em valor em maior profundidade.

1. Identificação de Ações Subvalorizadas

A identificação de ações subvalorizadas é o primeiro passo no investimento em valor. Isso envolve uma análise detalhada dos fundamentos da empresa para determinar se o preço atual da ação está abaixo do seu valor intrínseco.

Indicadores de Valuation

Os indicadores de valuation são ferramentas essenciais para identificar ações subvalorizadas. Alguns dos principais indicadores incluem:

- **P/L (Preço/Lucro)**: Calculado dividindo o preço da ação pelo lucro por ação (LPA). Um P/L baixo pode indicar que a ação está subvalorizada em relação aos seus lucros.

- **P/VPA (Preço/Valor Patrimonial por Ação)**: Calculado dividindo o preço da ação pelo valor patrimonial por ação (VPA). Um P/VPA baixo pode indicar que a ação está sendo negociada abaixo do seu valor contábil.

- **EV/EBITDA (Valor da Empresa/EBITDA)**: Calculado dividindo o valor da empresa (capitalização de mercado + dívida líquida) pelo EBITDA (lucros antes de juros, impostos, depreciação e amortização). Um EV/EBITDA baixo pode indicar que a empresa está subvalorizada em relação ao seu fluxo de caixa operacional.

Análise de Demonstrações Financeiras

A análise de demonstrações financeiras é crucial para avaliar a saúde financeira da empresa. Isso inclui:

- **Balanço Patrimonial**: Avaliar a liquidez, alavancagem e estrutura de capital da empresa.

- **Demonstração de Resultados**: Analisar a lucratividade, margens de lucro e eficiência operacional.

- **Demonstração de Fluxo de Caixa**: Avaliar a capacidade da empresa de gerar caixa e financiar suas operações.

Exemplo de Análise: Ao analisar a empresa fictícia "DEF S.A.", um investidor pode observar os seguintes indicadores de valuation:

- **P/L**: 8 (Preço da Ação: R$ 16,00, LPA: R$ 2,00)
- **P/VPA**: 1,2 (Preço da Ação: R$ 16,00, VPA: R$ 13,33)

Além disso, a análise das demonstrações financeiras revela:

- **Receita Líquida**: R$ 1.000.000
- **Lucro Líquido**: R$ 200.000
- **Patrimônio Líquido**: R$ 1.000.000

2. Margem de Segurança

A margem de segurança é um conceito central no investimento em valor, introduzido por Benjamin Graham. Ela envolve comprar ações com um desconto significativo em relação ao seu valor intrínseco para se proteger contra erros de avaliação e incertezas do mercado.

Compra com Desconto

A compra com desconto proporciona uma margem de segurança que reduz o risco de perda permanente de capital. Isso é especialmente importante em um mercado volátil, onde os preços das ações podem flutuar significativamente.

Exemplo de Análise: Para a empresa "DEF S.A.", o valor intrínseco estimado é de R$ 25,00 por ação. Se o preço de compra é de R$ 16,00, isso representa um desconto de 36%, proporcionando uma margem de segurança substancial.

3. Paciência e Perspectiva de Longo Prazo

O investimento em valor requer paciência e uma perspectiva de longo prazo. Os investidores em valor estão dispostos a manter as ações por um período prolongado, permitindo que o mercado reconheça o valor intrínseco da empresa.

Investimento de Longo Prazo

Manter as ações por um longo período permite que o investidor se beneficie do crescimento dos lucros e do reconhecimento gradual do valor intrínseco pelo mercado. Isso também reduz o impacto das flutuações de curto prazo no preço das ações.

Exemplo de Análise: Um investidor que comprou ações da "DEF S.A." a R$ 16,00 pode precisar esperar vários anos para que o mercado reconheça o valor intrínseco de R$ 25,00. Durante esse período, o investidor pode se beneficiar de dividendos e do crescimento dos lucros da empresa.

Vantagens e Desvantagens do Investimento em Valor

Vantagens

- **Potencial de Altos Retornos**: Quando o mercado corrige a subvalorização, os investidores em valor podem obter retornos significativos.

- **Menor Risco de Perda Permanente de Capital**: A margem de segurança reduz o risco de perda permanente de capital, proporcionando uma proteção contra erros de avaliação e incertezas do mercado.

Desvantagens

- **Tempo para Reconhecimento do Valor Intrínseco**: Pode levar tempo para que o mercado reconheça o valor intrínseco, exigindo paciência por parte do investidor.

- **Análise Detalhada e Compreensão dos Fundamentos**: Requer uma análise detalhada e uma compreensão profunda dos fundamentos da empresa, o que pode ser desafiador para investidores inexperientes.

Estudo de Caso: Empresa Fictícia "DEF S.A."

Vamos considerar a empresa fictícia "DEF S.A." para ilustrar a aplicação do investimento em valor.

Indicadores de Valuation

- **P/L**: 8 (Preço da Ação: R$ 16,00, LPA: R$ 2,00)
- **P/VPA**: 1,2 (Preço da Ação: R$ 16,00, VPA: R$ 13,33)

Análise de Demonstrações Financeiras

- **Receita Líquida**: R$ 1.000.000
- **Lucro Líquido**: R$ 200.000
- **Patrimônio Líquido**: R$ 1.000.000

Margem de Segurança

- **Valor Intrínseco Estimado**: R$ 25,00

- **Preço de Compra**: R$ 16,00 (Desconto de 36%)

Investimento em Crescimento

O investimento em crescimento é uma estratégia que envolve a compra de ações de empresas que estão crescendo rapidamente e têm potencial para continuar crescendo a taxas acima da média do mercado. Os investidores em crescimento estão dispostos a pagar um prêmio por ações de empresas com forte potencial de crescimento, acreditando que o aumento futuro dos lucros justificará o preço mais alto pago hoje. Esta abordagem pode ser altamente lucrativa, mas também envolve riscos significativos. A seguir, exploramos os principais componentes do investimento em crescimento em maior profundidade.

1. Identificação de Empresas de Crescimento

A identificação de empresas de crescimento é o primeiro passo crucial nesta estratégia. Isso envolve a análise de vários fatores que indicam o potencial de crescimento futuro de uma empresa.

Taxas de Crescimento

Empresas de crescimento geralmente exibem altas taxas de crescimento em receita, lucro e fluxo de caixa. Esses indicadores são sinais de que a empresa está expandindo suas operações e ganhando participação de mercado.

- **Crescimento de Receita**: Indica a capacidade da empresa de aumentar suas vendas ao longo do tempo. Taxas de crescimento de receita acima da média do setor são um bom sinal de uma empresa de crescimento.

- **Crescimento de Lucro**: Reflete a capacidade da empresa de aumentar seus lucros líquidos. Empresas de crescimento geralmente reinvestem uma parte significativa de seus lucros para financiar a expansão futura.

- **Crescimento de Fluxo de Caixa**: O fluxo de caixa operacional crescente é um indicador de que a empresa está gerando caixa suficiente para sustentar suas operações e financiar novos projetos.

Inovação e Vantagem Competitiva

Empresas de crescimento frequentemente se destacam por sua capacidade de inovar e manter uma vantagem competitiva sustentável. Isso pode incluir:

- **Produto Inovador**: Empresas que desenvolvem produtos ou serviços inovadores que atendem a necessidades não satisfeitas do mercado têm maior potencial de crescimento.

- **Vantagem Competitiva**: Empresas com vantagens competitivas, como patentes exclusivas, marcas fortes, ou economias de escala, estão melhor posicionadas para crescer rapidamente.

Exemplo de Análise: A empresa fictícia "GHI S.A." exibe um crescimento de receita de 30% ao ano e um crescimento de lucro de 25% ao ano. A empresa possui uma tecnologia de ponta no setor de energia renovável e detém patentes exclusivas que lhe conferem uma liderança de mercado.

2. Avaliação de Potencial de Crescimento

Avaliar o potencial de crescimento de uma empresa envolve uma análise detalhada do mercado em que ela opera e da competência de sua equipe de gestão.

Análise de Mercado

A análise de mercado é essencial para entender o tamanho e o potencial de crescimento do mercado em que a empresa está inserida. Isso inclui:

- **Tamanho do Mercado**: Avaliar o tamanho atual do mercado ajuda a entender a escala das oportunidades disponíveis para a empresa.

- **Potencial de Crescimento do Mercado**: Mercados em crescimento oferecem mais oportunidades para empresas de crescimento. Taxas de crescimento do mercado de 20% ao ano ou mais são indicativas de um ambiente favorável para empresas de crescimento.

Análise de Gestão

A competência e a visão da equipe de gestão são cruciais para o sucesso de uma empresa de crescimento. Isso inclui:

- **Histórico de Sucesso**: Uma equipe de gestão com um histórico comprovado de sucesso em impulsionar o crescimento é um bom indicador de que a empresa pode continuar crescendo.
- **Visão Estratégica**: A capacidade da equipe de gestão de identificar e capitalizar oportunidades de mercado é essencial para sustentar o crescimento a longo prazo.

Exemplo de Análise: A empresa "GHI S.A." opera em um mercado de energia renovável avaliado em R$ 10 bilhões, com um potencial de crescimento de 20% ao ano. A equipe de gestão tem um histórico comprovado de inovação e sucesso no setor.

3. Aceitação de Riscos

O investimento em crescimento envolve aceitar maior volatilidade e risco em troca de potencial de altos retornos. Isso requer uma tolerância ao risco e uma disposição para enfrentar a incerteza.

Tolerância ao Risco

Investidores em crescimento devem estar preparados para enfrentar a volatilidade dos preços das ações e a possibilidade de que o crescimento projetado não se materialize. Isso inclui:

- **Volatilidade dos Preços**: As ações de empresas de crescimento tendem a ser mais voláteis devido à incerteza sobre o futuro crescimento.

- **Risco de Execução**: O risco de que a empresa não consiga executar sua estratégia de crescimento conforme planejado.

Vantagens e Desvantagens do Investimento em Crescimento

Vantagens

- **Potencial de Altos Retornos**: Empresas de crescimento podem proporcionar retornos significativos à medida que aumentam suas receitas e lucros.

- **Oportunidade de Investir em Empresas Inovadoras e Disruptivas**: Investidores em crescimento têm a chance de investir em empresas que estão mudando a dinâmica de seus setores e criando novos mercados.

Desvantagens

- **Maior Risco e Volatilidade**: A incerteza sobre o crescimento futuro pode levar a maior volatilidade nos preços das ações e a possibilidade de perdas significativas.

- **Possibilidade de Pagar um Prêmio Excessivo**: Investidores podem acabar pagando um preço excessivo por ações de crescimento, especialmente se as expectativas de crescimento não forem atendidas.

Estudo de Caso: Empresa Fictícia "GHI S.A."

Vamos considerar a empresa fictícia "GHI S.A." para ilustrar a aplicação do investimento em crescimento.

Taxas de Crescimento

- **Crescimento de Receita**: 30% ao ano
- **Crescimento de Lucro**: 25% ao ano

Inovação e Vantagem Competitiva

- **Produto Inovador**: Tecnologia de ponta no setor de energia renovável

- **Vantagem Competitiva**: Patentes exclusivas e liderança de mercado

Avaliação de Potencial de Crescimento

- **Tamanho do Mercado**: R$ 10 bilhões
- **Potencial de Crescimento do Mercado**: 20% ao ano

Investimento em Dividendos

O investimento em dividendos é uma estratégia que envolve a compra de ações de empresas que pagam dividendos regulares e crescentes. Esta abordagem é popular entre investidores que buscam gerar uma renda passiva estável e crescente, além de se beneficiar do potencial de valorização do capital. A seguir, exploramos os principais componentes do investimento em dividendos com maior profundidade.

1. Identificação de Empresas Pagadoras de Dividendos

A identificação de empresas que pagam dividendos consistentemente é o primeiro passo crucial nesta estratégia. Isso envolve a análise de vários fatores que indicam a capacidade e a disposição da empresa de pagar dividendos.

Histórico de Pagamento de Dividendos

Empresas com um histórico consistente de pagamento de dividendos são geralmente mais estáveis e confiáveis. Um histórico de pagamento de dividendos ao longo de vários anos, especialmente durante períodos econômicos difíceis, é um bom indicador da solidez financeira da empresa.

- **Exemplo**: Empresas como "JKL S.A." que têm um histórico de pagamento de dividendos consistente nos últimos 10 anos são consideradas boas candidatas para investidores em dividendos.

Taxa de Crescimento dos Dividendos

A taxa de crescimento dos dividendos é um indicador importante da capacidade da empresa de aumentar os pagamentos aos acionistas ao longo do tempo. Empresas que aumentam seus dividendos regularmente demonstram um compromisso com a distribuição de lucros e uma gestão financeira saudável.

- **Exemplo**: "JKL S.A." tem um crescimento dos dividendos de 5% ao ano, indicando uma tendência positiva de aumento de renda para os investidores.

2. Avaliação da Sustentabilidade dos Dividendos

Avaliar a sustentabilidade dos dividendos é essencial para garantir que a empresa possa continuar a pagar e aumentar os dividendos no futuro. Isso envolve a análise de vários indicadores financeiros.

Payout Ratio

O payout ratio é a proporção dos lucros que a empresa paga em dividendos. Um payout ratio saudável é geralmente abaixo de 70%, indicando que a empresa retém uma parte significativa dos lucros para reinvestir em suas operações e sustentar o crescimento futuro.

- **Exemplo**: "JKL S.A." tem um payout ratio de 60%, o que é considerado saudável e sustentável.

Fluxo de Caixa Livre

O fluxo de caixa livre é a quantidade de caixa que a empresa gera após cobrir todas as suas despesas operacionais e de capital. Um fluxo de caixa livre robusto é crucial para sustentar os pagamentos de dividendos, especialmente durante períodos de lucros voláteis.

- **Exemplo**: "JKL S.A." gera um fluxo de caixa livre de R$ 500.000, indicando uma forte capacidade de sustentar e aumentar os dividendos.

3. Diversificação de Renda

Diversificar a fonte de renda de dividendos é uma estratégia importante para reduzir o risco e aumentar a estabilidade da renda passiva.

Diversificação de Setores

Investir em empresas de diferentes setores ajuda a mitigar o risco associado a qualquer setor específico. Setores como energia, consumo e saúde são conhecidos por abrigar empresas que pagam dividendos consistentemente.

- **Exemplo**: "JKL S.A." opera em setores diversificados como energia, consumo e saúde, proporcionando uma base sólida e diversificada de renda de dividendos.

Vantagens e Desvantagens do Investimento em Dividendos

Vantagens

- **Renda Passiva Estável e Crescente**: Investidores em dividendos podem contar com uma fonte regular de renda passiva, que pode crescer ao longo do tempo à medida que as empresas aumentam seus dividendos.

- **Menor Volatilidade**: Ações de empresas que pagam dividendos tendem a ser menos voláteis em comparação com ações de crescimento, proporcionando uma maior estabilidade ao portfólio.

Desvantagens

- **Menor Potencial de Crescimento de Capital**: Empresas que pagam dividendos regularmente podem reinvestir menos em suas operações, resultando em um menor potencial de crescimento de capital em comparação com empresas de crescimento.

- **Risco de Cortes de Dividendos**: Em períodos de dificuldades financeiras, empresas podem reduzir ou eliminar o pagamento de dividendos, impactando negativamente a renda dos investidores.

Estudo de Caso: Empresa Fictícia "JKL S.A."

Vamos considerar a empresa fictícia "JKL S.A." para ilustrar a aplicação do investimento em dividendos.

Histórico de Pagamento de Dividendos

- **Pagamento de Dividendos**: Consistente nos últimos 10 anos
- **Crescimento dos Dividendos**: 5% ao ano

Avaliação da Sustentabilidade dos Dividendos

- **Payout Ratio**: 60%
- **Fluxo de Caixa Livre**: R$ 500.000

Diversificação de Renda

- **Setores**: Energia, Consumo, Saúde

Estratégias Avançadas no Investimento em Dividendos

Para investidores que desejam aprofundar-se ainda mais no investimento em dividendos, existem várias estratégias avançadas que podem ser consideradas.

Dividendos Aristocratas

Os Dividendos Aristocratas são empresas que não apenas pagam dividendos regularmente, mas também aumentam seus dividendos anualmente por pelo menos 25 anos consecutivos. Investir em Dividendos Aristocratas pode proporcionar uma maior segurança e previsibilidade de renda.

- **Exemplo**: Empresas como "JKL S.A." que têm um histórico de crescimento de dividendos podem ser consideradas Dividendos Aristocratas se continuarem a aumentar seus dividendos anualmente.

Reinvestimento de Dividendos

O reinvestimento de dividendos envolve a utilização dos dividendos recebidos para comprar mais ações da mesma empresa. Isso pode acelerar o crescimento do portfólio e aumentar a renda de dividendos ao longo do tempo.

- **Exemplo**: Um investidor em "JKL S.A." pode optar por reinvestir os dividendos recebidos para comprar mais ações da empresa, aumentando assim sua participação e a renda de dividendos futura.

Avaliação de Dividend Yield

O dividend yield é a relação entre o dividendo anual pago por ação e o preço da ação. Um dividend yield alto pode indicar uma boa oportunidade de renda, mas também pode ser um sinal de risco se os dividendos não forem sustentáveis.

- **Exemplo**: Se "JKL S.A." paga um dividendo anual de R$ 2,00 por ação e o preço da ação é R$ 40,00, o dividend yield é de 5%. Isso pode ser atraente para investidores que buscam uma renda passiva significativa.

Conclusão

Investir de forma avançada é uma jornada que exige dedicação, estudo contínuo e uma compreensão profunda das diversas técnicas e estratégias disponíveis. A análise fundamentalista e a análise técnica são pilares essenciais para a avaliação de ações e outros ativos, cada uma oferecendo uma perspectiva única e valiosa. A análise fundamentalista foca nos fundamentos financeiros de uma empresa, enquanto a análise técnica se baseia em padrões de preços e volumes de negociação. Ambas as abordagens, quando combinadas, podem proporcionar uma visão mais completa e robusta do mercado.

Além das técnicas de análise, as estratégias de investimento desempenham um papel crucial na construção de um portfólio bem-sucedido. O investimento em valor, crescimento e dividendos são apenas algumas das abordagens que os investidores podem adotar para alcançar seus objetivos financeiros. Cada estratégia tem suas próprias vantagens e desvantagens, e a escolha da estratégia certa depende dos objetivos individuais, tolerância ao risco e horizonte de investimento do investidor.

Investir em valor envolve a busca por ações subvalorizadas, oferecendo uma margem de segurança e potencial de valorização. O investimento em crescimento, por outro lado, foca em empresas com alto potencial de expansão, mesmo que isso signifique pagar um prêmio por essas ações. Já o investimento em dividendos proporciona uma renda passiva estável e crescente, ideal para aqueles que buscam uma fonte de renda regular.

A aplicação dessas técnicas e estratégias requer não apenas conhecimento, mas também disciplina e paciência. O mercado financeiro é dinâmico e pode ser influenciado por uma variedade de fatores econômicos, políticos e sociais. Portanto, é essencial que os investidores mantenham-se informados e atualizados sobre as tendências e mudanças no mercado.

Além disso, a diversificação é uma prática fundamental para a gestão de riscos. Ao espalhar os investimentos por diferentes classes de ativos, setores e geografias, os investidores podem reduzir a volatilidade e proteger seu portfólio contra perdas significativas. A diversificação não elimina o risco, mas pode ajudar a mitigar seus impactos.

Outro aspecto importante é a gestão emocional. O mercado financeiro pode ser volátil e imprevisível, e é comum que os investidores enfrentem períodos de incerteza e estresse. Manter a calma, seguir o plano de investimento e evitar decisões impulsivas são atitudes essenciais para o sucesso a longo prazo.

Por fim, a educação financeira contínua é vital. O mundo dos investimentos está em constante evolução, com novas oportunidades e desafios surgindo regularmente. Participar de cursos, ler livros, acompanhar notícias financeiras e aprender com outros investidores são maneiras eficazes de aprimorar o conhecimento e as habilidades de investimento.

Este livro foi projetado para fornecer uma base sólida de conhecimento e estratégias práticas para ajudar você a construir riqueza e alcançar a segurança financeira. Ao aplicar os princípios e técnicas discutidos, você estará melhor preparado para tomar decisões informadas e alcançar seus objetivos financeiros de longo prazo. Lembre-se de que a jornada para a prosperidade financeira é um processo contínuo, e cada passo que você dá o aproxima mais de seus objetivos. Continue aprendendo, adaptando-se e investindo com sabedoria, e você estará no caminho certo para construir um futuro financeiro seguro e próspero.

Capítulo 9: Planejamento para a Aposentadoria

Importância do Planejamento de Aposentadoria

Garantir uma aposentadoria confortável é um dos objetivos financeiros mais importantes e desafiadores que uma pessoa pode ter. A aposentadoria marca uma fase da vida em que a renda proveniente do trabalho geralmente cessa, e é necessário depender de economias e investimentos acumulados ao longo dos anos. Portanto, o planejamento adequado é crucial para assegurar que você possa manter seu padrão de vida e desfrutar de uma aposentadoria tranquila e segura.

Começando a Planejar Cedo

Um dos princípios fundamentais do planejamento de aposentadoria é começar cedo. Quanto mais cedo você começar a poupar e investir para a aposentadoria, mais tempo seu dinheiro terá para crescer. Isso ocorre devido ao poder dos juros compostos, onde os ganhos sobre seus investimentos geram ainda mais ganhos ao longo do tempo. Por exemplo, se você começar a investir R$ 500 por mês aos 25 anos, com uma taxa de retorno anual de 7%, você terá acumulado aproximadamente R$ 1.2 milhão aos 65 anos. No entanto, se você começar a mesma contribuição mensal aos 35 anos, você terá acumulado apenas cerca de R$ 600 mil aos 65 anos. A diferença é significativa e ilustra a importância de começar cedo.

Fatores que Impactam o Planejamento de Aposentadoria

1. **Inflação**: A inflação é um fator crítico a ser considerado no planejamento de aposentadoria. A inflação reduz o poder de compra do dinheiro ao longo do tempo, o que significa que você precisará de mais dinheiro no futuro para manter o mesmo padrão de vida. Por exemplo, se a taxa de inflação média for de 3% ao ano, algo que custa R$ 1.000 hoje custará cerca de R$ 2.427 em 30 anos. Portanto, é essencial que seus investimentos superem a inflação para garantir que você possa manter seu poder de compra na aposentadoria.

2. **Expectativa de Vida**: A expectativa de vida está aumentando, o que significa que as pessoas estão vivendo mais tempo na aposentadoria. Isso é positivo, mas também significa que você precisará de mais recursos para sustentar um período de aposentadoria mais longo. Planejar para viver até os 90 anos ou mais é uma prática prudente, garantindo que você não esgote seus recursos financeiros antes do fim da vida.

3. **Estilo de Vida**: Seu estilo de vida desejado na aposentadoria também impacta o quanto você precisará economizar. Se você planeja viajar frequentemente, comprar uma casa de férias ou participar de atividades caras, precisará de um fundo de aposentadoria maior. É importante definir claramente suas metas e expectativas para a aposentadoria para calcular com precisão quanto você precisará economizar.

Exemplos de Planos de Aposentadoria Bem-Sucedidos

1. **Plano de Aposentadoria Tradicional**: Considere o exemplo de João, que começou a

poupar para a aposentadoria aos 30 anos. Ele contribuiu regularmente para um plano de previdência privada e investiu em uma carteira diversificada de ações e títulos. João também ajustou suas contribuições ao longo dos anos para acompanhar a inflação. Aos 65 anos, ele acumulou um fundo de aposentadoria substancial que lhe permite viver confortavelmente, viajar e aproveitar seus hobbies sem preocupações financeiras.

2. **Plano de Aposentadoria FIRE (Financial Independence, Retire Early)**: Maria adotou a filosofia FIRE, que envolve economizar e investir agressivamente para alcançar a independência financeira e se aposentar cedo. Ela começou a poupar 50% de sua renda aos 25 anos e investiu em fundos de índice de baixo custo. Aos 45 anos, Maria alcançou seu objetivo de independência financeira e se aposentou, vivendo de seus investimentos e dedicando seu tempo a projetos pessoais e voluntariado.

Ferramentas de Planejamento

Para construir um plano de aposentadoria robusto, é essencial utilizar uma combinação de ferramentas de planejamento e investimentos de longo prazo. A seguir, apresentamos algumas das principais ferramentas e como elas podem ser usadas para garantir uma aposentadoria confortável.

Planos de Previdência

1. **Previdência Social**: A previdência social é uma fonte básica de renda para muitos aposentados. No Brasil, o Instituto Nacional do Seguro Social (INSS) oferece benefícios de aposentadoria para trabalhadores que contribuem para o sistema. Embora a previdência social forneça uma base de renda, geralmente não é suficiente para cobrir todas as despesas de aposentadoria. Portanto, é importante complementar a previdência social com outras formas de poupança e investimento.

2. **Previdência Privada**: A previdência privada é uma ferramenta valiosa para complementar a previdência social. Existem dois tipos principais de planos de previdência privada no Brasil: o Plano Gerador de Benefício Livre (PGBL) e o Vida

Gerador de Benefício Livre (VGBL). O PGBL é indicado para quem faz a declaração completa do Imposto de Renda, pois permite deduzir as contribuições da base de cálculo do imposto. O VGBL, por outro lado, é mais adequado para quem faz a declaração simplificada, pois não oferece dedução fiscal, mas os rendimentos são tributados apenas no resgate. Ambos os planos permitem acumular recursos ao longo do tempo e oferecem opções de renda vitalícia ou por prazo determinado na aposentadoria.

Investimentos de Longo Prazo

1. **Ações**: Investir em ações pode proporcionar crescimento significativo do capital ao longo do tempo. As ações representam a propriedade parcial de uma empresa e oferecem potencial de valorização e dividendos. No entanto, as ações também são voláteis e podem apresentar riscos. É importante diversificar suas participações em ações e considerar uma abordagem de longo prazo para mitigar os riscos.

2. **Títulos**: Títulos são investimentos de renda fixa que oferecem pagamentos de juros regulares e devolução do principal no vencimento. Eles são geralmente considerados menos arriscados do que as ações e podem proporcionar estabilidade ao seu portfólio de aposentadoria. Títulos do governo, como os Tesouros Diretos, são particularmente seguros, enquanto títulos corporativos podem oferecer rendimentos mais altos, mas com maior risco.

3. **Fundos de Investimento**: Fundos de investimento permitem que você invista em uma carteira diversificada de ativos gerida por profissionais. Existem vários tipos de fundos, incluindo fundos de ações, fundos de títulos, fundos imobiliários e fundos multimercado. Os fundos de índice e ETFs, como discutido anteriormente, são opções de baixo custo que oferecem diversificação instantânea.

4. **Imóveis**: Investir em imóveis pode ser uma maneira eficaz de gerar renda passiva e diversificar seu portfólio de aposentadoria.

Propriedades de aluguel podem proporcionar um fluxo constante de renda, enquanto a valorização do imóvel pode aumentar seu patrimônio ao longo do tempo. No entanto, investir em imóveis também requer considerações sobre manutenção, gestão de inquilinos e volatilidade do mercado imobiliário.

Outras Ferramentas de Planejamento de Aposentadoria

1. **Contas de Poupança de Aposentadoria**: Contas de poupança de aposentadoria, como o Fundo de Garantia do Tempo de Serviço (FGTS) no Brasil, oferecem uma maneira segura de acumular recursos para a aposentadoria. Embora o FGTS tenha um rendimento relativamente baixo, ele oferece segurança e liquidez.

2. **Seguros de Vida e Renda**: Seguros de vida e renda podem proporcionar proteção financeira para sua família em caso de morte ou incapacidade. Eles garantem que seus entes queridos estejam protegidos financeiramente e

podem complementar seu plano de aposentadoria.

3. **Planejamento Fiscal**: O planejamento fiscal é uma parte importante do planejamento de aposentadoria. Maximizar os benefícios fiscais, como deduções e isenções, pode aumentar significativamente o valor de suas economias de aposentadoria. Consultar um planejador financeiro ou contador pode ajudar a identificar oportunidades de planejamento fiscal.

Comparações e Avaliações

Para ajudar os leitores a escolher as melhores opções de planejamento de aposentadoria, é útil comparar e avaliar as diferentes ferramentas disponíveis. A seguir, apresentamos uma tabela comparativa das principais ferramentas de planejamento de aposentadoria:

FERRAMENTA DE PLANEJAMENTO	VANTAGENS	DESVANTAGENS	ADEQUADO PARA
Previdência Social	Renda garantida, segurança	Benefícios limitados, pode não cobrir todas as despesas	Todos os trabalhadores
Previdência Privada (PGBL/VGBL)	Benefícios fiscais, renda complementar	Taxas de administração, complexidade	Quem deseja complementar a previdência social
Ações	Potencial de crescimento, dividendos	Volatilidade, risco	Investidores de longo prazo com tolerância ao risco

FERRAMENTA DE PLANEJAMENTO	VANTAGENS	DESVANTAGENS	ADEQUADO PARA
Títulos	Estabilidade, pagamentos de juros	Rendimentos mais baixos, risco de inflação	Investidores conservadores
Fundos de Investimento	Diversificação, gestão profissional	Taxas de administração, risco de mercado	Investidores que buscam diversificação
Imóveis	Renda passiva, valorização	Manutenção, gestão de inquilinos	Investidores que desejam diversificar com ativos tangíveis
Contas de Poupança de Aposentadoria (FGTS)	Segurança, liquidez	Rendimentos baixos	Trabalhadores formais

FERRAMENTA DE PLANEJAMENTO	VANTAGENS	DESVANTAGENS	ADEQUADO PARA
Seguros de Vida e Renda	Proteção financeira, segurança	Prêmios, complexidade	Quem deseja proteger a família financeiramente
Planejamento Fiscal	Maximização de benefícios fiscais	Complexidade, necessidade de consultoria	Todos os investidores

Conclusão

Planejar para a aposentadoria é um processo contínuo que requer atenção, disciplina e uma abordagem estratégica. Começar cedo, considerar fatores como inflação e expectativa de vida, e utilizar uma combinação de ferramentas de planejamento são passos essenciais para garantir uma aposentadoria confortável. Ao seguir as orientações e estratégias apresentadas neste capítulo, você estará melhor preparado para construir um plano de aposentadoria robusto e alcançar seus objetivos financeiros de longo prazo. Lembre-se de revisar e ajustar seu plano regularmente para se adaptar às mudanças nas circunstâncias pessoais e no mercado financeiro. Com um planejamento cuidadoso e uma abordagem proativa, você pode garantir uma aposentadoria segura e próspera.

Capítulo 10: Educação Financeira para Famílias

Ensinando Finanças para Crianças

A educação financeira é uma habilidade essencial que deve ser cultivada desde cedo. Ensinar crianças sobre dinheiro, poupança e investimento não apenas prepara-as para um futuro financeiro saudável, mas também ajuda a desenvolver uma mentalidade responsável e consciente em relação ao consumo e ao valor do trabalho. A seguir, exploraremos a importância da educação financeira para os jovens e forneceremos dicas práticas, atividades e recursos educativos para facilitar esse aprendizado.

Importância da Educação Financeira desde Cedo

Introduzir conceitos financeiros para crianças é crucial por várias razões:

1. **Formação de Hábitos Saudáveis**: Crianças que aprendem sobre finanças desde cedo tendem a desenvolver hábitos financeiros

saudáveis que perduram por toda a vida. Elas aprendem a valorizar o dinheiro, a importância de economizar e a diferença entre necessidades e desejos.

2. **Tomada de Decisões Informadas**: A educação financeira capacita as crianças a tomar decisões informadas sobre dinheiro. Elas aprendem a avaliar opções, considerar consequências e fazer escolhas que beneficiem seu bem-estar financeiro a longo prazo.

3. **Prevenção de Problemas Financeiros**: Ao entender conceitos financeiros básicos, as crianças estão menos propensas a cair em armadilhas financeiras, como dívidas excessivas e gastos impulsivos, quando se tornarem adultas.

4. **Desenvolvimento de Habilidades de Planejamento**: A educação financeira ensina as crianças a planejar e a estabelecer metas financeiras. Elas aprendem a importância de definir objetivos, criar orçamentos e acompanhar seu progresso.

Dicas Práticas para Ensinar Crianças sobre Dinheiro

1. **Use Exemplos do Dia a Dia**: Aproveite situações cotidianas para ensinar lições financeiras. Por exemplo, ao fazer compras, explique a diferença entre preços e valores, e como comparar produtos para encontrar o melhor custo-benefício.

2. **Dê Mesada**: Dar uma mesada regular às crianças é uma excelente maneira de ensinar sobre gestão de dinheiro. Estabeleça regras claras sobre como a mesada deve ser usada, incentivando a poupança, o gasto responsável e a doação.

3. **Crie um Sistema de Poupança**: Ajude as crianças a criar um sistema de poupança, como um cofrinho ou uma conta poupança. Explique a importância de economizar para objetivos futuros e incentive-as a definir metas de poupança.

4. **Ensine sobre Trabalho e Recompensa**: Ensine as crianças que o dinheiro é ganho através do trabalho. Dê-lhes tarefas domésticas ou pequenos trabalhos remunerados para que entendam a relação entre esforço e recompensa.

5. **Use Jogos e Atividades Educativas**: Jogos de tabuleiro, aplicativos e atividades educativas podem tornar o aprendizado financeiro divertido e envolvente. Jogos como "Banco Imobiliário" e "Cashflow" são ótimos para ensinar conceitos financeiros de maneira lúdica.

Atividades e Recursos Educativos

1. **Jogos de Tabuleiro**: Jogos como "Banco Imobiliário" (Monopoly) e "Cashflow" são excelentes ferramentas para ensinar crianças sobre finanças. Eles ajudam a entender conceitos como investimento, fluxo de caixa, e a importância de tomar decisões financeiras estratégicas.

2. **Aplicativos Educativos**: Existem vários aplicativos educativos que ensinam crianças sobre finanças de maneira interativa. Alguns

exemplos incluem "PiggyBot", "Bankaroo" e "iAllowance".

3. **Livros Infantis sobre Finanças**: Livros como "O Menino do Dinheiro" de Reinaldo Domingos e "Pai Rico, Pai Pobre para Jovens" de Robert Kiyosaki são ótimos recursos para introduzir conceitos financeiros de forma acessível e interessante.

4. **Atividades Práticas**: Envolva as crianças em atividades práticas, como criar um orçamento para uma festa de aniversário, planejar uma viagem ou gerenciar uma pequena venda de garagem. Essas atividades ajudam a aplicar conceitos financeiros em situações reais.

5. **Discussões em Família**: Faça reuniões familiares regulares para discutir finanças. Envolva as crianças nas conversas sobre orçamento, poupança e objetivos financeiros da família. Isso ajuda a normalizar o diálogo sobre dinheiro e a promover uma cultura de transparência financeira.

Planejamento Financeiro Familiar

Gerir as finanças de uma família de forma eficaz é essencial para garantir a estabilidade financeira e alcançar os objetivos de longo prazo. Um planejamento financeiro familiar bem estruturado envolve a criação de um orçamento, a definição de metas financeiras e a participação de todos os membros da família no processo. A seguir, discutiremos a importância de um orçamento familiar e forneceremos exemplos de estratégias e ferramentas para ajudar as famílias a alcançar seus objetivos financeiros.

Importância de um Orçamento Familiar

1. **Controle de Gastos**: Um orçamento familiar ajuda a monitorar e controlar os gastos. Ele permite que a família veja para onde o dinheiro está indo e identifique áreas onde é possível economizar.

2. **Planejamento de Metas**: Um orçamento facilita o planejamento e a definição de metas financeiras. Ele ajuda a família a estabelecer prioridades e a direcionar recursos para alcançar objetivos específicos, como comprar uma casa,

pagar a educação dos filhos ou planejar uma viagem.

3. **Prevenção de Dívidas**: Ao acompanhar as receitas e despesas, um orçamento ajuda a evitar dívidas desnecessárias. Ele permite que a família viva dentro de suas possibilidades e evite gastos excessivos.

4. **Preparação para Emergências**: Um orçamento bem planejado inclui a criação de um fundo de emergência. Isso garante que a família esteja preparada para lidar com imprevistos financeiros, como despesas médicas ou reparos inesperados.

Estratégias para Gerir as Finanças Familiares

1. **Criação de um Orçamento Familiar**: Comece listando todas as fontes de receita da família, como salários, rendimentos de investimentos e outras entradas de dinheiro. Em seguida, liste todas as despesas, incluindo moradia, alimentação, transporte, educação, lazer e

outras despesas recorrentes. Subtraia as despesas das receitas para determinar o saldo disponível.

2. **Definição de Metas Financeiras**: Estabeleça metas financeiras de curto, médio e longo prazo. As metas de curto prazo podem incluir a criação de um fundo de emergência ou a quitação de dívidas. As metas de médio prazo podem envolver a compra de um carro ou a reforma da casa. As metas de longo prazo podem incluir a compra de uma casa ou a aposentadoria.

3. **Envolvimento de Todos os Membros da Família**: Envolva todos os membros da família no planejamento financeiro. Realize reuniões familiares regulares para discutir o orçamento, as metas financeiras e o progresso alcançado. Isso promove a responsabilidade compartilhada e a colaboração.

4. **Uso de Ferramentas de Gestão Financeira**: Utilize ferramentas de gestão financeira, como planilhas de orçamento, aplicativos de finanças pessoais e softwares de contabilidade. Essas

ferramentas ajudam a acompanhar as receitas e despesas, a monitorar o progresso das metas financeiras e a identificar áreas de melhoria.

5. **Criação de um Fundo de Emergência**: Estabeleça um fundo de emergência para cobrir despesas imprevistas. O ideal é que o fundo de emergência cubra de três a seis meses de despesas básicas. Mantenha esse fundo em uma conta separada e acessível.

6. **Educação Financeira Contínua**: Promova a educação financeira contínua para todos os membros da família. Incentive a leitura de livros sobre finanças, a participação em cursos e workshops, e a busca por informações atualizadas sobre investimentos e planejamento financeiro.

Exemplos de Ferramentas e Recursos para Planejamento Financeiro Familiar

1. **Planilhas de Orçamento**: Utilize planilhas de orçamento para registrar receitas e despesas. Existem várias planilhas disponíveis online que

podem ser personalizadas de acordo com as necessidades da família.

2. **Aplicativos de Finanças Pessoais**: Aplicativos como "YNAB" (You Need A Budget), "Mint" e "PocketGuard" são excelentes para acompanhar o orçamento, monitorar despesas e definir metas financeiras.

3. **Softwares de Contabilidade**: Softwares como "Quicken" e "QuickBooks" oferecem recursos avançados de gestão financeira, incluindo relatórios detalhados, gráficos e análises.

4. **Livros sobre Finanças Familiares**: Livros como "Pai Rico, Pai Pobre" de Robert Kiyosaki, "Os Segredos da Mente Milionária" de T. Harv Eker e "O Homem Mais Rico da Babilônia" de George S. Clason são ótimos recursos para aprender sobre finanças pessoais e planejamento financeiro.

5. **Cursos e Workshops**: Participe de cursos e workshops sobre finanças pessoais e investimentos. Muitas instituições financeiras e

organizações oferecem programas educativos gratuitos ou a preços acessíveis.

Exemplos de Estratégias de Planejamento Financeiro Familiar

1. **Método 50/30/20**: Este método de orçamento divide a renda líquida em três categorias: 50% para necessidades (moradia, alimentação, transporte), 30% para desejos (lazer, entretenimento) e 20% para poupança e pagamento de dívidas. Essa abordagem ajuda a equilibrar as despesas e a garantir que uma parte significativa da renda seja destinada à poupança.

2. **Orçamento Baseado em Zero**: No orçamento baseado em zero, cada real da renda é atribuído a uma categoria específica, de modo que a soma das despesas e poupança seja igual à renda total. Isso garante que cada real tenha um propósito e ajuda a evitar gastos desnecessários.

3. **Envelope de Dinheiro**: O método do envelope de dinheiro envolve a distribuição da renda em

diferentes envelopes, cada um destinado a uma categoria de despesa específica. Quando o dinheiro de um envelope acaba, não se pode gastar mais nessa categoria até o próximo período de orçamento. Esse método é eficaz para controlar gastos e evitar dívidas.

4. **Automatização de Poupança**: Configure transferências automáticas para contas de poupança e investimentos. Automatizar a poupança garante que uma parte da renda seja destinada a objetivos financeiros antes que possa ser gasta.

5. **Revisão Regular do Orçamento**: Revise o orçamento regularmente para ajustar as categorias de despesas e garantir que as metas financeiras estejam sendo alcançadas. A revisão periódica ajuda a identificar áreas onde é possível economizar e a fazer ajustes conforme necessário.

Conclusão

A educação financeira para famílias é um componente essencial para garantir a estabilidade financeira e o bem-estar a longo prazo. Ensinar crianças sobre dinheiro, poupança e investimento desde cedo prepara-as para um futuro financeiro saudável e responsável. Além disso, um planejamento financeiro familiar bem estruturado, que envolve a criação de um orçamento, a definição de metas financeiras e a participação de todos os membros da família, é fundamental para alcançar os objetivos financeiros e evitar problemas financeiros.

Ao utilizar estratégias práticas, ferramentas de gestão financeira e recursos educativos, as famílias podem desenvolver hábitos financeiros saudáveis, tomar decisões informadas e estar preparadas para enfrentar imprevistos. A educação financeira contínua e a colaboração entre os membros da família são essenciais para construir uma base financeira sólida e garantir um futuro próspero e seguro para todos.

Capítulo Final: O Começo da Jornada Prática

O Início da Consolidação

Provavelmente, te causou certa estranheza chegar até o final deste livro e se deparar com a titulação deste capítulo: "O Começo". Por que começo? O motivo é bastante simples. Este é o começo da parte prática, o início da realidade que você irá criar com os conhecimentos que obteve ao longo desta leitura. É o começo da consolidação. Afinal, tudo que foi adquirido de informações ao longo dos capítulos passa a fazer parte de você. De seus avanços intelectuais, especialmente, porque conhecimento é uma das poucas coisas que não se pode extirpar de um ser humano. É possível tomar as posses de alguém, seu tempo, as pessoas, mas o conhecimento não pode ser expulso de dentro da mente onde entrou.

Todos os dados que foram partilhados ao longo deste livro foram frutos de muitos estudos na área, de execuções práticas, mas, sobretudo, partem de uma base que moldou uma mentalidade durante muitos anos. Anos de estudo de filosofias como o Estoicismo, que prega uma visão realista frente à realidade, usufruindo do presente, mas acatando que muitas coisas podemos controlar e que, mesmo convivendo com muitas delas, é possível (e necessário) buscar o bem maior: a liberdade. É um propósito de viver o hoje se preparando para o amanhã, reconhecendo as possibilidades de adversidades surgirem, buscando estar preparado para lidar com elas, sem que isso impeça de alcançar a plenitude pessoal, em suas muitas nuances.

Assim, é possível que você se questione o porquê de abordar questões tão filosóficas num livro onde números, termos e gráficos nos guiaram. A razão é simples. Todo dinheiro buscado não é um fim em si mesmo. Ele é o meio para atingir a liberdade. O dinheiro é o ícone que, na nossa sociedade, nos permite alcançar a liberdade de ter ou não ter, de fazer ou não fazer, de ir ou não ir, de dizer sim ou não. Para tanto, sempre colocamos como primordial a busca por ações de cautela, de prudência, como a criação de reservas ou mesmo de prazos estabelecidos para encontrar o momento de parar, e a idealização de metas e sonhos que se deseja realizar.

Um trecho extraído do Manual de Epicteto (um dos estoicos mais famosos da História) diz o seguinte:

"Das coisas existentes, algumas são encargos nossos; outras não. São encargos nossos o juízo, o desejo, a repulsa – em suma, tudo quanto seja ação nossa. Não são encargos nossos o corpo, as posses, a reputação, os cargos públicos. Em suma – tudo quanto não seja ação nossa." (Epicteto, 125 a.C, p.15)

Neste fragmento, o estoico coloca tudo aquilo que podemos controlar com nossas ações. Só podemos nos importar com o que está dentro de nossas opções de agir. A sociedade, a realidade política, a opinião das pessoas, os acontecimentos à nossa volta, enfim, todas essas coisas não estão sujeitas ao nosso comando. Contudo, há muitas onde temos o poder de decisão. Onde podemos julgar, avaliar, escolher o que acreditamos valer ou não a pena. Incluindo, onde devemos trabalhar, por quanto, onde podemos investir, quais coisas devemos estudar, quais riscos estamos aptos a correr e aquilo que não estamos dispostos a sacrificar. Esse mesmo filósofo grego, em uma de suas divagações, afirma que todos aqueles que tentarem controlar o mundo fracassarão. Portanto, aceitar esta verdade é essencial para viver de forma cuidadosa, equilibrando a prudência e a ousadia, estando prontos para lidar com as intempéries.

Muito foi falado, ao longo deste livro, sobre a importância do dinheiro. Mas é essencial saber que é muito mais valioso ser livre do que ser rico. Isso porque, se o dinheiro o escraviza, ele não será útil a você. Se, de forma absoluta, lhe rouba energia, tempo, seus prazeres, então, quantia alguma lhe será suficiente e este será o seu cárcere. O dinheiro não pode ser maior do que aquilo que você julga essencial. Ele deve existir para lhe proporcionar liberdade.

Seja prático com o dinheiro. Não permita que ele lhe domine, é você quem deve comandá-lo. Sempre tenha em mente o que o dinheiro pode fazer por você e quais as suas mais fundamentais finalidades. Saiba a hora de parar e viver de renda. Não seja o homem mais rico do cemitério. Acumule seu capital, mas se programe para desfrutar dele em vida e em tempo de aproveitá-lo por completo. Ajuste seus ganhos para atingir seus objetivos, calcule com base na sua realidade, mas seja coerente com os seus esforços. Isso quer dizer que se deve sim projetar com audácia, mas que não se pode andar em círculos.

Um exemplo clássico é a história de um empresário e um pescador. O pescador, que vivia pacatamente em sua vila, pescava dois únicos peixes por dia, sendo um para comer e o outro para vender, uma vez que precisava de dinheiro para comprar temperos e demais condimentos e alimentos complementares ao peixe de cada dia. O empresário, incomodado com a 'falta de visão' do pescador, o indaga sobre a razão de ele não pescar o máximo de peixes que puder diariamente durante um tempo. Segundo o empresário, assim ele, teria condições de contratar mais pessoas para também pescarem com ele, abrindo um negócio próprio, gerando maiores lucros e acumulando um patrimônio. Um patrimônio que, ainda segundo o empresário, servisse para que o pescador não precisasse se preocupar com mais nada, além de poder fazer o que gosta e ter o necessário para viver. O pescador disse que não precisava realizar todas essas coisas para chegar a esse objetivo porque, mesmo sem ter passado por todas essas etapas, ele já vivia seu objetivo. Não se preocupava com nada fora suas prioridades e gastava seu tempo fazendo o que apreciava, podendo, inclusive, usufruir desse hobby em suas necessidades.

Isso não quer dizer que devemos diminuir o esforço aplicado em nossa trajetória econômica. Contudo, é importante saber onde se quer chegar, o que se deseja alcançar e, claro, tudo que já possuímos e que pode nos auxiliar em nossa busca pelo êxito na conquista da liberdade.

Descobrindo Onde Você Está

Como ficou esclarecido ao longo deste livro, todo fundamento básico a respeito de investimentos e organização financeira já lhe foi devidamente passado. Contudo, a parte de estudos está muito longe de terminar. Quem lida com o mercado, precisa reconhecer sua rápida habilidade em evoluir e mudar os panoramas (muitas vezes, de forma até mesmo radical). Portanto, é sempre preciso estudar para se atualizar e acompanhar os rumos que o mundo de modo geral está indo. Até porque são muitas as coisas que podem causar impactos majestosos no segmento financeiro e estar sempre alerta é uma boa estratégia para não ser surpreendido ou se afundar financeiramente por falta de adaptação.

Neste sentido, algo relevante a se fazer, no momento de ir à luta, ou seja, abrir sua carteira, começar seus aportes e colocar seu capital (seja lá quanto ele seja) em jogo, é uma necessidade básica para descobrir ONDE VOCÊ ESTÁ dentro de suas projeções, metas, prazos, possibilidades. É indispensável para verificar qual é o seu perfil.

Isso se vale porque cada indivíduo é único, com valores e crenças distintas, o que refletirá em uma carteira de investimentos ajustada àquele perfil. Logo que identificar o seu próprio perfil, é indicado que você reflita sobre a variedade de distribuição de ativos de sua carteira. Isso quer dizer que você precisará não colocar todas as aplicações em uma única modalidade de ativo, uma vez que já temos a consciência de que o mercado financeiro tem a instabilidade como uma característica predominante em sua existência, do mesmo modo, que sabemos que, para alcançar crescimentos mais céleres e vertiginosos, é importante aportar também em modalidades que ofereçam mais, independente dos riscos.

Conclusão: O Começo da Jornada Prática

Todos os módulos deste livro tiveram como meta transmitir os conhecimentos necessários, não apenas de investimentos, incluindo toda a gama de variedades destes no Brasil e no exterior, as formas de se executar os procedimentos e transações, as formas de se analisar empresas, valores, de compreender o funcionamento do mercado financeiro, como também de se conhecer, ter ideia de qual é o seu horizonte, quais os seus sonhos, o que você acha essencial para viver, o que lhe motiva a batalhar por mais e por qual motivo você sacrificaria coisas relevantes para atingir seus projetos.

No curso "Construindo Riqueza: Estratégias Práticas para Prosperidade e Segurança Financeira", é possível ter um apanhado geral, não específico como em muitos casos, mas que pode contribuir para que uma pessoa absolutamente leiga tenha bons conhecimentos e noções de que forma ela pode usar e investir melhor os próprios ganhos. É, para além da parte teórica e técnica, a tentativa de partilhar a experiência de vida real, permeada por tropeços e conquistas, e transformada numa mentalidade que, na pior das hipóteses, te fará parar para refletir, e na melhor, te transformará também.

Contudo, esse módulo precisa ser encerrado recordando o título que o encabeça: o começo. O começo da prática. Único meio que pode levar à perfeição. E muito mais do que dominar ferramentas e informações, é preciso dominar a si próprio, tendo ciência de que não se pode controlar ou prever todas as coisas.

Nenhum curso irá lhe ensinar tudo. Até porque ninguém sabe de tudo. Ninguém está dispensado de ter de estudar, de ter de procurar, analisar e continuar avançando. Esse não é um encerramento. É o básico para fazer uma carteira de investimentos e para que ela seja proveitosa. Termina aqui tudo que, dentro dos investimentos, temos como a verdade. Para além, teremos a pós-verdade e assuntos ainda mais complexos do que os finalizados no desfecho desta transição.

A construção de riqueza e a segurança financeira são jornadas contínuas. Este livro foi apenas o começo. A partir daqui, cabe a você aplicar o conhecimento adquirido, continuar aprendendo e se adaptando às mudanças. A jornada para a prosperidade financeira é única para cada indivíduo, e espero que este livro tenha sido um guia útil e inspirador em sua caminhada.

Conclusão

Resumo dos Principais Pontos

Ao longo deste livro, exploramos diversas estratégias práticas para construir riqueza e alcançar a segurança financeira. A seguir, recapitulamos as principais lições de cada capítulo, destacando os pontos mais importantes e as estratégias discutidas.

Introdução

- **Objetivo do Livro**: Destacamos a importância de construir riqueza e segurança financeira, proporcionando mais liberdade, oportunidades e paz de espírito.

- **Importância do Tema**: Discutimos como estratégias práticas são essenciais para alcançar a prosperidade financeira, transformando teoria em ações concretas.

Capítulo 1: Compreendendo a Riqueza

- **Definição de Riqueza**: Exploramos diferentes perspectivas sobre o que significa ser rico e próspero.

- **Benefícios da Riqueza**: Discutimos como a riqueza pode melhorar a qualidade de vida e proporcionar segurança.

Capítulo 2: Planejamento Financeiro

- **Definindo Metas Financeiras**: Abordamos como estabelecer metas financeiras de curto, médio e longo prazo.

- **Orçamento e Controle de Gastos**: Apresentamos técnicas para criar e manter um orçamento eficaz.

Capítulo 3: Gestão de Dívidas

- **Tipos de Dívidas**: Diferenciamos entre dívidas boas e ruins.

- **Estratégias de Quitação de Dívidas**: Descrevemos métodos como a bola de neve e avalanche para eliminar dívidas.

Capítulo 4: Poupança e Fundo de Emergência

- **Importância da Poupança**: Explicamos por que é crucial ter uma reserva financeira.

- **Construindo um Fundo de Emergência**: Detalhamos quanto poupar e onde guardar esse dinheiro.

Capítulo 5: Introdução aos Investimentos

- **Tipos de Investimentos**: Descrevemos diferentes tipos de investimentos, como ações, títulos e criptomoedas.
- **Risco e Retorno**: Explicamos como avaliar o risco e o potencial de retorno de diferentes investimentos.

Capítulo 6: Diversificação de Portfólio

- **Importância da Diversificação**: Discutimos como a diversificação pode reduzir riscos.
- **Estratégias de Diversificação**: Fornecemos exemplos práticos de como diversificar um portfólio de investimentos.

Capítulo 7: Investimentos para Iniciantes

- **Primeiros Passos**: Explicamos como começar a investir com pouco dinheiro.

- **Plataformas de Investimento**: Apresentamos ferramentas e aplicativos que facilitam o investimento para iniciantes.

Capítulo 8: Investimentos Avançados

- **Análise Fundamentalista e Técnica**: Explicamos métodos para avaliar ações e outros ativos.

- **Estratégias de Investimento**: Descrevemos diferentes estratégias de investimento, como investimento em valor e crescimento.

Capítulo 9: Planejamento para a Aposentadoria

- **Importância do Planejamento de Aposentadoria**: Explicamos como garantir uma aposentadoria confortável.

- **Ferramentas de Planejamento**: Apresentamos planos de previdência e investimentos de longo prazo.

Capítulo 10: Educação Financeira para Famílias

- **Ensinando Finanças para Crianças**: Explicamos como introduzir conceitos financeiros para os mais jovens.
- **Planejamento Financeiro Familiar**: Descrevemos como gerir as finanças de uma família de forma eficaz.

Próximos Passos

A jornada de construção de riqueza e segurança financeira não termina com a leitura deste livro. É um processo contínuo que exige aprendizado constante, adaptação às mudanças financeiras e ação prática. A seguir, fornecemos orientações sobre como continuar essa jornada e avançar em seus objetivos financeiros.

1. **Continue Aprendendo**: A educação financeira é um processo contínuo. Continue buscando conhecimento através de livros, cursos, workshops e recursos online. Mantenha-se atualizado sobre as tendências do mercado financeiro e novas estratégias de investimento.
2. **Adapte-se às Mudanças**: O mercado financeiro está em constante evolução. Esteja

preparado para se adaptar às mudanças econômicas, políticas e tecnológicas. Revise regularmente seu plano financeiro e faça ajustes conforme necessário.

3. **Aplique o Conhecimento Adquirido**: Coloque em prática as estratégias discutidas neste livro. Crie um orçamento, defina metas financeiras, elimine dívidas, construa um fundo de emergência e comece a investir. A ação prática é essencial para alcançar seus objetivos financeiros.

4. **Diversifique seus Investimentos**: Continue diversificando seu portfólio de investimentos para reduzir riscos e maximizar retornos. Explore novas oportunidades de investimento e ajuste sua estratégia conforme necessário.

5. **Planeje para o Longo Prazo**: Mantenha o foco em seus objetivos de longo prazo, como a aposentadoria. Continue contribuindo para seus planos de previdência e investimentos de longo prazo.

6. **Envolva sua Família**: Envolva todos os membros da família no planejamento financeiro. Promova a educação financeira contínua e incentive a participação ativa de todos nas decisões financeiras.

7. **Revise e Ajuste Regularmente**: Revise regularmente seu plano financeiro e faça ajustes conforme necessário. Acompanhe seu progresso em relação às metas financeiras e faça mudanças para garantir que você esteja no caminho certo.

8. **Busque Orientação Profissional**: Considere buscar a orientação de um consultor financeiro para ajudar a planejar e gerenciar suas finanças. Um profissional pode fornecer insights valiosos e ajudar a otimizar sua estratégia financeira.

9. **Mantenha uma Mentalidade Positiva**: A construção de riqueza é uma jornada que exige paciência, disciplina e perseverança. Mantenha uma mentalidade positiva e esteja preparado para enfrentar desafios e aprender com os erros.

10. **Celebre Suas Conquistas**: Reconheça e celebre suas conquistas financeiras ao longo do caminho. Cada meta alcançada é um passo importante em direção à segurança financeira e à prosperidade.

Ao seguir essas orientações e aplicar o conhecimento adquirido, você estará bem equipado para continuar sua jornada de construção de riqueza e alcançar a segurança financeira. Lembre-se de que o sucesso financeiro é um processo contínuo e que cada passo dado em direção aos seus objetivos é uma conquista significativa. Boa sorte em sua jornada financeira!

Leitura Recomendada

Para continuar sua jornada de construção de riqueza e segurança financeira, é essencial aprofundar seu conhecimento e explorar diferentes perspectivas sobre finanças pessoais, investimentos e planejamento financeiro. A seguir, sugerimos uma seleção de livros e recursos que complementam o conteúdo deste livro e oferecem insights valiosos para aprimorar suas habilidades financeiras.

1. "Pai Rico, Pai Pobre" de Robert T. Kiyosaki

Descrição: Este clássico da educação financeira desafia as crenças tradicionais sobre dinheiro e investimentos. Kiyosaki compartilha as lições que aprendeu de seu "pai rico" e seu "pai pobre", destacando a importância de adquirir ativos que geram renda passiva e a diferença entre ativos e passivos.

Como Complementa: "Pai Rico, Pai Pobre" complementa nosso livro ao enfatizar a importância de investir em ativos que geram renda passiva e ao fornecer uma nova perspectiva sobre a educação financeira e a mentalidade necessária para alcançar a independência financeira.

2. "Os Segredos da Mente Milionária" de T. Harv Eker

Descrição: Eker explora as crenças e hábitos que diferenciam os milionários das pessoas comuns. Ele apresenta 17 arquivos de riqueza que descrevem as atitudes e comportamentos que podem ajudar qualquer pessoa a alcançar o sucesso financeiro.

Como Complementa: Este livro complementa nosso conteúdo ao abordar a mentalidade e os hábitos necessários para construir riqueza. Ele oferece insights sobre como mudar crenças limitantes e adotar uma mentalidade de abundância.

3. "O Homem Mais Rico da Babilônia" de George S. Clason

Descrição: Através de parábolas ambientadas na antiga Babilônia, Clason ensina princípios financeiros atemporais, como a importância de poupar, investir sabiamente e viver dentro de suas possibilidades.

Como Complementa: "O Homem Mais Rico da Babilônia" reforça os conceitos de poupança e investimento discutidos em nosso livro, oferecendo lições práticas e fáceis de entender sobre como gerenciar dinheiro de forma eficaz.

4. "Investimentos Inteligentes" de Gustavo Cerbasi

Descrição: Cerbasi, um dos maiores especialistas em finanças pessoais do Brasil, oferece uma abordagem prática e acessível para quem deseja começar a investir. Ele explica diferentes tipos de investimentos e como criar uma estratégia de investimento personalizada.

Como Complementa: Este livro complementa nosso capítulo sobre investimentos, fornecendo uma visão detalhada do mercado de investimentos brasileiro e estratégias práticas para iniciantes e investidores experientes.

5. "O Milionário Mora ao Lado" de Thomas J. Stanley e William D. Danko

Descrição: Baseado em um estudo de milionários americanos, este livro revela que a maioria dos milionários vive de forma modesta e construiu sua riqueza através de hábitos financeiros prudentes e investimentos inteligentes.

Como Complementa: "O Milionário Mora ao Lado" complementa nosso conteúdo ao destacar a importância de viver abaixo de suas possibilidades e investir de forma consistente. Ele oferece exemplos reais de como pessoas comuns alcançaram a independência financeira.

6. "A Psicologia do Dinheiro" de Morgan Housel

Descrição: Housel explora como as emoções e comportamentos influenciam nossas decisões financeiras. Ele apresenta 20 lições sobre como pensar sobre dinheiro e tomar decisões financeiras mais inteligentes.

Como Complementa: Este livro complementa nosso conteúdo ao abordar a psicologia por trás das decisões financeiras. Ele oferece insights sobre como gerenciar emoções e comportamentos para melhorar a saúde financeira.

7. "O Investidor Inteligente" de Benjamin Graham

Descrição: Considerado a bíblia do investimento em valor, este livro clássico de Graham ensina os princípios fundamentais do investimento inteligente, incluindo a análise de ações e a importância da margem de segurança.

Como Complementa: "O Investidor Inteligente" complementa nosso capítulo sobre investimentos avançados, fornecendo uma base sólida para a análise fundamentalista e estratégias de investimento em valor.

8. "Me Poupe!" de Nathalia Arcuri

Descrição: Nathalia Arcuri, fundadora do maior canal de finanças do YouTube no Brasil, oferece dicas práticas e acessíveis para economizar dinheiro, investir e alcançar a independência financeira.

Como Complementa: Este livro complementa nosso conteúdo ao fornecer dicas práticas e exemplos reais de como economizar e investir no contexto brasileiro. Ele é especialmente útil para quem está começando sua jornada financeira.

9. "Axiomas de Zurique" de Max Gunther

Descrição: Este livro apresenta 12 axiomas que orientam investidores a tomar decisões financeiras mais inteligentes e a gerenciar riscos de forma eficaz. Baseado nas práticas dos banqueiros suíços, ele oferece uma abordagem única para o investimento.

Como Complementa: "Axiomas de Zurique" complementa nosso conteúdo ao fornecer princípios práticos para a gestão de riscos e a tomada de decisões de investimento. Ele oferece uma perspectiva diferente sobre como abordar o mercado financeiro.

10. "Dinheiro: Domine Esse Jogo" de Tony Robbins

Descrição: Robbins entrevista alguns dos maiores investidores do mundo e compartilha suas estratégias para alcançar a independência financeira. Ele oferece um plano passo a passo para construir riqueza e garantir a segurança financeira.

Como Complementa: Este livro complementa nosso conteúdo ao fornecer estratégias práticas e conselhos de especialistas renomados. Ele oferece um plano abrangente para construir riqueza e alcançar a segurança financeira.

Recursos Adicionais

Além dos livros recomendados, sugerimos explorar os seguintes recursos para aprofundar seu conhecimento financeiro:

1. **Cursos Online**: Plataformas como Coursera, Udemy e Khan Academy oferecem cursos sobre finanças pessoais, investimentos e planejamento financeiro. Esses cursos são ministrados por especialistas e podem ser acessados a qualquer momento.

2. **Podcasts**: Podcasts como "Finanças e Investimentos" de Gustavo Cerbasi, "Me Poupe! Podcast" de Nathalia Arcuri e "Investidor Inteligente" de Thiago Nigro oferecem insights valiosos e atualizações sobre o mercado financeiro.

3. **Blogs e Sites de Finanças**: Sites como "Me Poupe!", "Dinheirama" e "Investopedia" oferecem artigos, guias e ferramentas para

ajudar a melhorar suas habilidades financeiras e tomar decisões informadas.

4. **Aplicativos de Finanças Pessoais**: Aplicativos como "YNAB" (You Need A Budget), "Mint" e "Guiabolso" ajudam a gerenciar seu orçamento, monitorar despesas e acompanhar o progresso de suas metas financeiras.

5. **Comunidades Online**: Participe de fóruns e grupos de discussão sobre finanças pessoais e investimentos, como o Reddit (subreddits como r/personalfinance e r/investing) e grupos no Facebook. Essas comunidades oferecem suporte, conselhos e a oportunidade de aprender com as experiências de outras pessoas.

Ao explorar esses livros e recursos adicionais, você poderá aprofundar seu conhecimento financeiro, aprimorar suas habilidades e continuar sua jornada de construção de riqueza e segurança financeira. Lembre-se de que a educação financeira é um processo contínuo e que cada passo dado em direção ao aprendizado e à aplicação prática é um investimento valioso em seu futuro financeiro.

Pósfácio

Ao concluir este livro, "Construindo Riqueza: Estratégias Práticas para Prosperidade e Segurança Financeira", é importante refletir sobre a jornada que percorremos juntos. Desde a compreensão dos conceitos fundamentais de riqueza até a aplicação de estratégias práticas para alcançar a segurança financeira, cada capítulo foi projetado para empoderar você com o conhecimento e as ferramentas necessárias para transformar sua vida financeira.

A construção de riqueza não é um destino, mas um processo contínuo de aprendizado, adaptação e crescimento. Ao longo deste livro, enfatizamos a importância de definir metas claras, criar um plano financeiro sólido, gerenciar dívidas de forma estratégica, investir com sabedoria e planejar para o futuro. Essas são as pedras angulares de uma vida financeira bem-sucedida e segura.

Espero que as lições e estratégias apresentadas aqui tenham proporcionado insights valiosos e práticos que você possa aplicar em sua vida diária. Lembre-se de que a jornada para a prosperidade financeira é única para cada indivíduo. O que funciona para uma pessoa pode não funcionar para outra, e é essencial adaptar as estratégias às suas circunstâncias e objetivos pessoais.

A educação financeira é um processo contínuo. À medida que você avança em sua jornada, continue buscando conhecimento, aprendendo com suas experiências e ajustando suas estratégias conforme necessário. A resiliência e a adaptabilidade são qualidades essenciais para navegar pelo mundo financeiro em constante mudança.

Gostaria de expressar minha profunda gratidão a todos os leitores que embarcaram nesta jornada comigo. Sua dedicação em buscar uma vida financeira melhor é inspiradora. Espero que este livro tenha sido uma fonte de motivação e orientação, e que você se sinta mais confiante e capacitado para tomar decisões financeiras informadas.

Por fim, lembre-se de compartilhar o conhecimento adquirido. A educação financeira é um legado poderoso que você pode passar para seus filhos, familiares e amigos. Ao fazer isso, você estará contribuindo para a criação de uma geração mais consciente e preparada para o sucesso financeiro.

Obrigado por permitir que eu faça parte de sua jornada. Desejo a você todo o sucesso e prosperidade em seus empreendimentos financeiros futuros.

Com gratidão e melhores votos,

Derik Silva

www.ingramcontent.com/pod-product-compliance
Lightning Source LLC
Chambersburg PA
CBHW071913210526
45479CB00002B/400